SOLDATENSCHICKSALE

W. RÜCKERT

VOR DEM TOD DIE HÖLLE

SOLDATENSCHICKSALE

VOR DEM TOD DIE HÖLLE

Hrsg.: Dr. Schulze-Wegener
Militärhistoriker und Offizier d. R.

MOEWIG

www.MOEWIG.de
Originalausgabe

Umschlagfoto: Archiv Pabel-Moewig Verlag KG
Printed in Germany
ISBN 3-8118-5590-5 (100er VE)

Vor dem Tod die Hölle

Krieg gegen die Sowjetunion.

Bericht eines Kampfteilnehmers

22. Juni 1941. Rund 3,2 Millionen deutsche Soldaten waren von ihrem obersten Befehlshaber Hitler zum Angriff gegen die Sowjetunion angesetzt worden. Um 00.03 Uhr begann für Hunderttausende von Feldgrauen der Weg in ein ungewisses Schicksal und ein Vormarsch auf einer Frontlänge von rund 1200 Kilometern zwischen der Ostsee und dem Schwarzen Meer. Der Feldzug im Osten schien zunächst einen ähnlich schnellen Verlauf zu nehmen wie die vorange-

gangenen in Polen, im Westen, auf dem Balkan und in Nordafrika, wo Verbände des deutschen Afrika-Korps zu dieser Zeit bereits vor der ägyptischen Grenze standen. Der Tod begleitete auch die Russlandkämpfer auf ihren Vorstößen nach Norden, Osten und Südosten.Und je weiter sie sich von ihren Ausgangspositionen entfernten, desto mehr verblassten Illusionen und Hoffnungen.

Wie immer, ruhte die Hauptlast der Schlachten auf den Schultern der einfachen Infanteristen, die sich bei glühender Hitze und in der barbarischen Kälte der Winter von einem taktischen Ziel zum anderen vorkämpften, unter unmenschlichen Strapazen, Entbehrungen und Leiden. Und wie alle anderen vor und sicher auch nach ihnen glaubten sie trotz allem an den Sinn ihrer Opfer und die Gerechtigkeit ihres Auftrages. Der »Frontalltag« hatte schon längst den Ablauf ihres Daseins bestimmt, das überall und schon in der nächsten Minute sein Ende finden konnte.

In den letzten Tagen hatten Angriff und Gegenangriff abgewechselt. Resultat: starke Verluste auf beiden Seiten, ohne irgendwelche nennenswerten Erfolge.

Zerschlagen, hungrig und müde hockten wir in Unterständen, Erdbunkern, Löchern oder Gräben. Ich zündete mir eine selbst Gedrehte an und dachte an Fred Schymainda, den schlanken schwarzen Jungen aus dem Ruhrgebiet.

Was war von ihm übrig geblieben? Nichts!

Bei unserem Angriff auf die russischen Stellungen in den frühen Morgenstunden waren wir nebeneinander vorwärtsgestürmt.

Heulender, pfeifender Tod war uns entgegengeschlagen. Irgendwo war ich hängen geblieben, gestolpert, auf dem Bauch gelandet – zu meinen Glück. Fred war schon weiter. Sechs Schritte vor mir hatte ich seine grauen Umrisse im pulverdurchsetzten Morgendunst erkennen können, und dann war es geschehen: das Heulen einer heransausenden Granate! Ich hatte mich flach auf den Boden gepresst, gesehen, wie Fred in einem Granattrichter Deckung suchte, dann Einschlag, Feuerblitz, Pulver- und Dreckfontäne, helles Summen glühender Splitter, Fallen von Erdbrocken.

Ich war wieder aufgesprungen, weitergestürzt, hatte in den Trichter gestarrt, aus dem noch frischer Pulverdampf emporstieg. Fred? Armer Junge! – Volltreffer!

Das lag jetzt schon Stunden zurück. Unseren Sturmverbänden war es gelungen, einige lächerliche hundert Meter an Boden zu gewinnen, und viel Blut hatte die russische Erde getränkt.

Die Bestie Krieg war nicht wählerisch. Sie fraß gierig, was ihr geboten wurde: Menschen, Tiere, Pflanzen, Soldaten in grauen Uniformen, Soldaten in erdbraunen Uniformen. Sie verdaute alles, ganze Kompanien, ganze Divisionen, ganze Armeen.

Ich wunderte mich oft, dass gerade ich unter den wenigen war, die das Schicksal bisher verschont hatte. Oder sollte ich durch eine besonders ausgefallene Todesart ins Jenseits befördert werden?

Absurder, sinnloser Gedanke! Na, und wenn schon! Ich konnte mir nichts vorstellen, was mich noch erschüttern würde. Zu oft war ich Zeuge gewesen, wenn der Tod seine Sense hatte sausen lassen, ja, sie hatte mich schon mehrere Male geritzt, zweimal davon gefährlich nahe dem Leben. Man hatte mir dafür das Verwundetenabzeichen in Gold verehrt. Ich war dabei gewesen, als das Blut Hunderter deutscher Pioniere das Wasser des Don rot gefärbt hatte. Ich selbst war mitten unter ihnen. Wir hatten schwimmende Knüppeldeiche und Pontonbrücken gebaut. Immer wieder waren sie von russischer Artillerie zerhackt worden, und immer wieder hatten wir neue gebaut. Der Befehl hatte ausgeführt werden müssen, und wenn wir alle dabei krepiert wären.

Ich war dabei gewesen, als wehrlose Menschen von Stahlungetümen zu einer blutigen Masse zermalmt wurden, als Kameraden verschüttet worden und in Erdbunkern erstickt waren, als Munitionskolonnen und Begleitmannschaften und Pferde in die Luft flogen, als Soldaten von Flammenwerfern erfasst worden und Sekunden später verkohlte Leichen waren, als Kameraden mit Bauch- oder Lungenschüssen oder abgerissenen Gliedmaßen nach der Mutter, nach der Frau, nach der Liebsten geschrien und dann ihr Leben ausgehaucht hatten.

Diese Erlebnisse hatten mich geformt. Ich war seelisch härter geworden, unempfindlicher, gleichgültiger. In bestimmten Situationen regierten mich nur noch Teilnahmslosigkeit oder tierischer Selbsterhaltungstrieb.

Sie alle, die Kameraden mit den ausgehöhlten, fahlen Gesichtern und den tief liegenden, glanzlosen Augen waren wie ich geworden, sofern sie längere Zeit Frontatmosphäre geatmet hatten.

Trotz allem, trotz Abgestumpftheit, eines war uns geblieben: die Kameradschaft. Wir froren, schwitzten, hungerten miteinander, wir teilten auch die letzte Zigarette, den letzten Brotkanten mit den Kameraden, wir halfen uns, wo wir konnten.

Selbstverständlich fanden sich auch Außenseiter. Sie wird es überall geben. Ich habe aber immer wieder erlebt, dass auch ihnen nichts geschenkt wird, dass sie ihrem Schicksal nicht entgehen.

Aber es gab sie, und nicht zu wenig. Der treffende Satz, der bei allen Landsern die Runde machte, war der: »Lass mir die Deckung hinterm Baum, Kamerad, ich bin verheiratet.«

Diese Worte reden ihre eigene Sprache.

Ich erinnere mich eines Vorfalls während des Rückzugs. Der Weg führte über eine Pontonbrücke, die unter Beschuss lag, aber noch einigermaßen intakt war. Vor, hinter und auf der Brücke lagen sie, Leichtverwundete, Schwerverwundete, im Chaos zwischen Pferden mit aufgerissenen Leibern, aus denen die Därme hervorquollen, zwischen gefallenen Kameraden, verlassenen Fla-Geschützen und Lkw.

Artilleriegruppen, versprengte Infanteriehaufen, Panzerspähwagen und Sanka, besetzt mit Ärzten, Schwestern und Krankenträgern, sie alle jagten, flüchteten über die Brücke, denn es ging um ihr kostbares Leben.

Den flehenden, schmerzbrüllenden Verwundeten half keiner. So sah es manchmal aus.

*

Es war Nacht. Das deutsche Verteidigungssystem entsprach der gegenwärtigen Kampflage. Erdbunker, Panzerdeckungslöcher, Maschinengewehrnester und Laufgräben lagen in tiefer Dunkelheit. Weit drüben in der Flussniederung beim Russen jagte ein sMG (schweres Maschinengewehr) kurze Feuerstöße in die Gegend. Schüsse aus Karabinern auf deutscher und auf russischer Seite. Ab und zu zog eine Leuchtkugel ihre steile Bahn durch die Finsternis und verschwand nach Sekunden wieder wie eine Sternschnuppe.

Die Front schlief nicht. Auf deutscher und auf russischer Seite wachten Menschen, die sich nicht kannten, aber Angst voreinander haben mussten, weil man es ihnen so befohlen hatte.

Ich stand am MG 34 und starrte ins Niemandsland. Jeden Augenblick konnte die Ablösung kommen. Ich blickte auf die Armbanduhr. Eine Minute vor vier zeigten die Leuchtzeiger an. Bald würde die Nacht dem neuen Tag weichen müssen.

Da stapfte Zimmermann*, der nach mir Wache hatte,

* Alle Namen, falls es sich nicht um solche von Persönlichkeiten der Zeitgeschichte handelt, sind frei gestaltet.

schon heran. Und plötzlich war der Teufel los. Es zischte, heulte heran. Die Erde zitterte unter den Einschlägen russischer Granaten. Artillerie, Stalinorgeln (Raketengeschütze), Granatwerfer! Es dröhnte, barst und krachte. Menschliche Schreie gingen unter im Konzert der Hölle. Der Himmel färbte sich blutig rot. Brüllender Tod torkelte über die Fläche. Stahl, Eisen und Pulver pflügten die blutgetränkte Erde um. Drahtverhaue, Geschütz- und Eisenteile wirbelten durch den erstickenden Pulverdunst. Menschliche Leiber wurden zerfetzt, von Erdbrocken verschüttet, wieder aufgewühlt, hochgerissen, zerstreut.

Deutsche Batterien, die auf und hinter den Höhen in unserem Rücken lagen, hatten längst das Feuer erwidert. Das Inferno schien vollkommen.

Ich versuchte, den nächsten Erdbunker zu erreichen. Aus einem nach hinten verlaufenden Graben drang kaum vernehmbares Stöhnen an mein Ohr. Der Luftdruck einer in der Nähe krepierenden Granate schleuderte mich wie ein Stück willenlose, tote Materie an die Grabenwand; halbtaub taumelte ich weiter. Da war wieder das Stöhnen. Ich ging ihm nach und traf auf Feldwebel Bennecke, mit dem mich eine herzliche Freundschaft verband. Er lag auf dem Rücken. Seine weitaufgerissenen Augen starrten mich ängstlich an.

»Lass mich nicht liegen!«, wimmerte er.

»Ich hol' dich raus«, machte ich ihm Mut, wusste aber im Augenblick selbst nicht, wie ich es anfangen sollte.

Ich versuchte, ihn vorsichtig unter den Achseln anzuheben. Er brüllte auf vor Schmerz.

»Komme sofort wieder!«, rief ich ihm zu und eilte zum Bunker, um Hilfe zu holen.

Es waren nur zehn Meter bis dahin. Ich verhielt meinen

Schritt. Hatte ich die Richtung verfehlt? Nein! Grausige Wahrheit! Da, wo bisher ein Erdbunker gewesen war, in dem fünfundzwanzig Männer Platz hatten, breitete sich jetzt ein Granattrichter aus, in den ein kleines Haus hineingepasst hätte.

Betroffen machte ich kehrt. Das Trommelfeuer hielt mit unverminderter Stärke an. Da wurde mein Blick in Richtung der deutschen Batterien gelenkt. Ein riesiger dunkelroter Rauchpilz stieg dort steil gegen den Himmel, und die Erde bebte, als wenn sie eine Urweltmacht ins All zu sprengen drohte.

Das Divisionsmunitionslager! schoss es mir durch den Kopf. Tausende Tonnen Pulver, Stahl, Eisen und Dynamit waren in die Luft gegangen. Es schleuderte mich zu Boden, riss mich hoch und ließ mich wieder fallen. Ich torkelte weiter. Plötzlich zwei nahe Einschläge. Vor und hinter mir ein neuer Trichter. Ich befand mich genau zwischen ihnen. Grabenvolltreffer! Ich stellte mich wieder auf die Beine, um im nächsten Augenblick wieder auf der Nase zu liegen. Einschlag links! Verdammt! Langsam kam ich doch vorwärts und gelangte an die Stelle, wo ein Laufgraben in die erste Linie mündete, wo Feldwebel Bennecke liegen musste. Was ich sah, verschlug mir den Atem. Nichts mehr, was ich als einen Menschen hätte identifizieren können. Es war im Einzelnen nicht zu beschreiben.

»Bennecke!«, schrie ich. »Bennecke!«

Und plötzlich fühlte ich, wie mir die Nerven durchgingen. Ungewollt begann ich zu lachen, laut und anhaltend, mit einem hohlen, mir selbst fremden Organ.

Begann so der Wahnsinn? Oder hatte meine Seele das Weinen verlernt? Ich wollte aufhören mit dem unheimlichen Gelächter und konnte es nicht. War ich doch verrückt geworden? Da packte mich Grauen, vor mir selbst und vor etwas Unsichtbarem, wer weiß es?

Ich hetzte den Graben entlang – und lachte dabei. Ich glaube, es muss tierisch oder gespenstisch geklungen haben. Ich schwitzte und zitterte am ganzen Körper. Glühende Splitter zischten um mich herum, Granaten detonierten, schlugen ein, ich registrierte es kaum, ich lief weiter, ich lachte.

Weit konnte ich in diesem Zustand nicht gekommen sein. Unteroffizier Sommerfeld erzählte mir später, ich sei zuerst auf ihn gestoßen. Er habe erkannt, dass mit mir etwas nicht stimmte. Einige Schluck Wodka, die man mir mit Gewalt eingeflößt habe, hätten mich wieder zur Vernunft gebracht.

Der Morgen graute, und die Sicht wurde besser trotz Pulverdunst und Rauchschwaden. Die russischen Batterien schossen jetzt Sperrfeuer. Das bedeutete Infanterieangriff, womöglich mit Panzerunterstützung.

Da war es auch schon zu hören, das uns wohl bekannte Brummen russischer T 34. Auf ihnen und in ihrer Deckung schoben sich russische Sturmtruppen an unsere Linie heran.

Es sollte ein ungleicher Kampf werden. Die gegnerische Feuerwalze war verheerend gewesen. Trotzdem, wie oft habe ich mich nach solchen Feuerüberfällen gewundert, erhoben sich da und dort aus Deckungslöchern, Granattrichtern, unversehrt gebliebenen Unterständen und Gräben feldgraue Gestalten.

Der Kampfruf der Russen erscholl jetzt tausendkehlig zu uns herüber. Das heisere lang gezogene »Urräh! Urräh!« ließ in uns den alten Kampfgeist wieder erwachen.

Wir machten genug Ziele aus und ließen unsere Waffen

sprechen. Ich presste meine Achsel an den Kolben einer Spritze (Landserausdruck für Maschinengewehr) und schoss einen Gurt nach dem anderen leer. Ein rasendes Infanteriefeuer schlug dem Gegner entgegen. Erdbraune Gestalten stürmten in breiter Front heran. Viele stürzten und blieben liegen. In hellen Scharen drückten andere nach, im Laufen aus der Hüfte feuernd.

Wir kämpften um unser Leben. Zwei oder drei Pak (Panzerabwehrkanonen), die den Feuerorkan überstanden haben mussten, begannen hinter uns zu feuern. Ihre Einschläge lagen gut. Dem vordersten T 34 wurde eine Gleiskette zerschossen. Der Kampfwagen drehte sich, blieb stehen, seine weniger stark gepanzerte Breitseite uns zugewendet. Unsere Pak-Männer nutzten die Chance. Plötzlich schoss eine grelle Stichflamme aus der aufgerissenen Turmluke, der Panzer wurde wie von einer unsichtbaren Faust zur Seite geworfen und blieb brennend liegen. Die panzerbrechende Granate hatte wahrscheinlich die Munitionskammer getroffen.

Inzwischen hatten Hunderte anderer T 34 die deutsche Front rechts und links von unserer Stellung durchbrochen. Im Abschnitt unserer Kompanie aber stockte der feindliche Angriff.

Zwar war es dem Gegner gelungen, die deutsche Pak zum Schweigen zu bringen, aber auch einige der Stahlkolosse lagen qualmend und zerschossen im Niemandsland. Die russische Infanterie hatte uns umgangen, war weiter vorwärts gestürmt. Wir sahen einer späteren Vernichtung oder der Gefangenschaft entgegen. Augenblicklich aber machten uns noch zwei T 34 zu schaffen.

»Panzer von links!«, schrie plötzlich einer von uns. Ein Blick in diese Richtung versetzte mein Hirn sofort in

Alarmstufe eins. Zwei T 34 waren im Begriff, unsere Linie auf ganz einfache Art und Weise aufzurollen. Einer von ihnen fuhr rechts, der andere links parallel zum Graben. Der war zwar teilweise in Zickzacklinie angelegt und mit Windungen versehen worden. Das störte die beiden Panzer aber kaum. Mit ihren beweglichen Türmen war einer von ihnen immer in der Lage, seine Panzergranaten oder MG-Garben in unseren Graben zu senden.

»Verdammte Schweinerei!«, schimpfte Wilhelm Zimmermann, mein Nebenmann. »Tellerminen her!«

Die Waffen der Panzerkampfwagen feuerten.

In diesem Augenblick höchster Gefahr wurde einer der T 34 von einer verirrten Granate getroffen, nicht vernichtend, doch mit dem Erfolg, dass sich die Turmluke des Panzers öffnete. Mit erhobenen Händen kletterten die Tankisten heraus. Zimmermann sprang auf sie zu. Wir glaubten, dass er sie entwaffnen würde, sahen uns aber getäuscht.

Für einen Augenblick hatte der andere Panzer sein Feuer unterbrochen. Jetzt aber holte er nach, was er anscheinend aus Verwunderung darüber, dass sein Artgenosse liegen blieb, versäumt hatte. Wir zogen die Köpfe ein.

Und dann geschah das Unfassbare. Der Panzer, dessen Besatzung ausgestiegen war, begann wieder zu feuern, aber nicht in unseren Laufgraben hinein, sondern auf den zweiten T 34.

War die Panzerbesatzung wieder in ihr Fahrzeug gestiegen und war sie verrückt geworden? Ich hob meinen Kopf vorsichtig aus der Deckung und sah, wie der angegriffene T 34 seinen Turm schwenkte und nun seinerseits den anderen Stahlkasten beschoss.

Ich kroch einige Meter im Graben bis zum nächsten Knick vorwärts und bemerkte, dass die russische Panzerbesatzung gerade von zwei deutschen Grenadieren entwaffnet wurde.

»Wo ist Zimmermann?«, schrie ich einem ins Ohr, es schon halb ahnend.

»Im T 34«, war die Antwort.

Die beiden Panzer hatten bisher nur wenige Schüsse gewechselt, die beiderseits wirkungslos geblieben waren. Der russische Fahrer legte jetzt den Rückwärtsgang ein und brummte zurück. Sogleich erkannte ich den Zweck dieses Manövers. Zimmermann sollte in seinem bewegungsunfähigen T 34 von der Seite, die nicht so stark gepanzert war, abgeknallt werden. Das musste verhindert werden. Der feindliche Panzer richtete gerade erneut sein Geschütz. Sekunden waren entscheidend. Er stand nur wenige Schritte von mir, und keine Tellermine griffbereit! Verflucht!

Wie unter dem Einfluss einer fremden Macht reagierte ich da. Ich sprang vorwärts, auf den Panzer zu, sah nur das drohend schwarze Rund seiner Kanone. Noch im Sprung hatte ich die Sicherungskappe einer Stielhandgranate gelöst, die Zündschnur gerissen, und dann steckte ich den Sprengkörper in das Kanonenrohr. Diese zwei oder drei Sekunden erschienen mir als Ewigkeiten. Ich ließ mich zu Boden fallen, als es über mir krachte.

Rohrkrepierer! jubelte es in mir.

In Sekundenschnelle war es mir gelungen, wieder den schützenden Graben zu erreichen.

Da blitzte es zweimal auf. Zimmermann bediente die Panzerkanone. Der Erfolg war durchschlagend im wahrsten Sinne des Wortes. Der russische Panzer barst förmlich auseinander. Stichflamme! Rauchentwicklung!

»Erledigt!«, brüllte Wilhelm Zimmermann, dessen Gesicht in der Turmluke des T 34 erschien. Hastig kletterte der kleine, schmächtige Mann aus dem Kampfwagen und sprang in den nächsten Laufgraben.

Der Krieg gönnte uns keine Pause. Die Schlacht war über uns hinweggerast, und wir lebten noch. Weiter westlich würden jetzt Reserveverbände im harten Kampf versuchen, den Durchbruch sowjetischer Einheiten abzuriegeln.

Unteroffizier Sommerfeld sammelte die Reste der Kompanie um sich. Es waren ganze achtzehn Seelen.

Zwei Männer aus dem zweiten und vierten Zug berichteten, dass sich einige Gruppen nach hinten abgesetzt hätten.

»Auf wessen Befehl?«, fragte Sommerfeld.

Darauf wussten sie keine Antwort.

»Wo ist Oberfeldwebel Helmersdorf und Oberleutnant Friedrich?«, erkundigte sich der Unteroffizier weiter.

»Oberfeldwebel Helmersdorf fiel gleich zu Beginn des Angriffs durch einen Kopfschuss«, berichtete einer der Feldgrauen. »Wo Oberleutnant Friedrich zu finden ist, weiß ich nicht.« Auch die anderen wussten es nicht.

»Männer«, begann Sommerfeld nach kurzem Nachdenken zu reden, »ihr wisst alle, dass wir abgeschnitten sind, zu unserer Truppe keine Verbindung haben. Keiner von euch will in einem russischen Kriegsgefangenenlager landen, klarer Fall. Bleibt uns nichts anderes übrig, als die russischen Linien zu durchbrechen, um wieder Anschluss an eine deutsche Einheit zu finden. Was das bedeutet, wisst ihr selbst. Da dieses Unternehmen bei Tage aussichtslos ist, muss die Dunkelheit abgewartet werden. In kurzer Zeit ist es so hell, dass man uns auf große Entfernung schon als Versprengte erkennen kann. Wir suchen also so schnell wie möglich eine schützende Umgebung auf, um den Einbruch der Nacht abzuwarten. Hat jemand einen besseren Vorschlag?« Niemand hatte einen.

Ein Mann wollte aber wissen, dass wir südöstlich von hier in einem Sumpfgelände einen geeigneten Unterschlupf für den Tag finden würden.

»Ich kenne diese Gegend von einem Spähtrupp her«, erklärte er. Er führte uns in südöstliche Richtung.

Die gefangene russische Panzerbesatzung war uns hinderlich. Sommerfeld brüllte sie an: »Dawai!«, und winkte nach Westen. Die Kerle verstanden und trollten sich.

Zuerst blieben wir in Deckung des Grabens. Wir kamen an stummen, leblosen Gestalten in feldgrauer oder erdbrauner Uniform vorüber. Teilweise mussten wir über sie hinwegsteigen. Dort ein blutjunges Gesicht, große blaue Augen, angstvoll aufgerissen, starr, erloschen. Weiter, nur weiter. Wir hielten nach Verwundeten Ausschau, ergebnislos. Anscheinend gab es nur Überlebende. Mit entsicherten Maschinenpistolen und Karabinern ging es vorwärts. Zwei MG 34 und einige gefüllte Munitionskisten waren gerettet worden.

Nach hundertfünfzig Metern musste der schützende Graben verlassen werden. Ein flaches Gelände dehnte sich vor uns aus. Geduckt, wie wilde Tiere nach allen Seiten sichernd, so bewegten wir uns über umgepflügte, verbrannte Erde.

Unteroffizier Sommerfeld hatte drei Gruppen zu je sechs Mann eingeteilt. Während eine Gruppe immer einige Meter von einem Trichter zum anderen hetzte und dort verharrte, übernahmen die beiden anderen den Feuerschutz. Diese umsichtige Maßnahme sollte uns wenige Minuten später das Leben retten.

Gerade hastete die erste Gruppe weiter, um im nächsten Trichter Deckung zu nehmen. Plötzlich blieben die sechs Mann wie angewurzelt stehen, machten kehrt, warfen sich zu

Boden, suchten Schutz in einem Granatloch. Keinen Augenblick zu früh, denn in der nächsten Sekunde pfiffen Infanteriegeschosse hart über unsere Köpfe hinweg.

Gleich darauf erscholl heiseres »Urräh«-Geschrei. Etwa fünfzig Rotarmisten, die plötzlich aufgetaucht waren, stürmten in breiter Schützenkette auf die sechs Germanskis zu, mit denen sie es nur zu tun zu haben glaubten.

Jede unserer Gruppen hatte einen Abstand von etwa fünfzehn bis zwanzig Metern zur anderen. Die Angreifer waren schon auf Handgranatenwurfweite herangekommen, da schrie Unteroffizier Sommerfeld:

»Näher rankommen lassen! Feuerbefehl abwarten!«

Sekunden vergingen.

»Feuer!«, erklang da das scharfe Kommando Sommerfelds.

Aus sechzehn Karabinern, Maschinenpistolen und zwei Maschinengewehren blitzte es auf. Die stürmenden Russen sackten zusammen.

Als alles vorbei war, spürte ich, dass mein Herz bis zum Hals hinauf klopfte.

Etwa einen halben Kilometer weiter erkannte man einen kleinen See. An seinem östlichen Ufer wuchsen Büsche. Auf der anderen Seite schien der Sumpf zu liegen, von dem vorhin gesprochen wurde. Der Krieg hatte hier mal eine Ausnahme gemacht und etwas am Leben gelassen, wenn es auch nur Pflanzen waren. Bald erreichten wir den Rand des Sees und auch den ersten Busch.

»Möller, Dornacher!«

Unteroffizier Sommerfeld rief uns beide zu sich.

»Erkundet vorsichtig das bewachsene Geländestück vor uns. Sollten sich hier Russen herumtreiben, geht einer

Feindberührung aus dem Wege. Achtet auf eventuell ausgestellte Posten.«

Wir machten uns umgehend auf die Socken und pirschten vorwärts, von einer Deckung zur anderen. So hatten wir vielleicht schon hundert Meter zurückgelegt, da hörte ich menschliche Stimmen. Ich stieß Dornacher an.

»Hörst du es?«

»Ja – Russen!«

Wir schlichen weiter. Von dem Ergebnis unserer Erkundungen hing viel ab, das Leben von achtzehn hoffenden Kameraden. Nach etwa weiteren dreißig Metern trennten uns nur noch wenige Büsche von einer größeren Lichtung. Und auf dieser Lichtung – wir trauten unseren Augen kaum – standen sieben T 34, und auf, zwischen und neben ihnen saß oder stand ein gutes Dutzend Russen. Sie waren damit beschäftigt, zu essen, zu trinken, zu rauchen. Ab und zu sprachen sie einige Worte miteinander. Wir verharrten eine Weile und glitten dann lautlos und ungesehen wieder zurück.

»Gut, sehr gut«, lobte Sommerfeld, als er unseren Bericht gehört hatte. »Wir dürfen keine Zeit verlieren, sonst gehen sie uns durch die Lappen. Achtung! In Linie angetreten! Schützenkette! Abstand fünf Meter! Lichtung wird umstellt! Vorwärts!«

Unhörbar setzte sich die Schützenkette in Bewegung. Dornacher befand sich am linken, ich am rechten Flügel. Wir führten, gaben den anderen Zeichen und Winke. Es gelang, die immer noch ahnungslosen Russen zu umzingeln. Sie tranken immer noch. Hier hatten wir ein leichtes Spiel. Auf ein vorher verabredetes Zeichen, welches Sommerfeld jetzt gab, traten wir, die Waffen im Anschlag, auf die Lichtung. Die Russen glaubten wohl, Gespenster zu sehen. Mit betroffenen Gesichtern hoben sie ihre Hände. Ängstlich blickten sie auf die Mündungen der auf sie gerichteten Waffen.

»Steinhoff und Garus, nehmt ihnen die Schießeisen ab!«

Unteroffizier Sommerfeld hatte den Befehl gegeben. Er wurde schnell ausgeführt. Die überraschten Soldaten dachten nicht an Gegenwehr.

Wir alle sprachen ein paar Brocken Russisch, und wo Worte fehlten, wurden sie durch Zeichen und Gesten ersetzt. Bald hatten wir in Erfahrung gebracht, was uns interessierte. Die Russen gehörten einem Reparaturtrupp an, der die Aufgabe hatte, beschädigte Panzer wieder instand zu setzen. Die sieben Kampfwagen sollten für den heute Morgen geführten Angriff fertig gestellt sein. Durch einen deutschen Granattreffer waren aber in den gestrigen Mittagsstunden einige wichtige Monteure ausgefallen. Der Termin hatte also nicht eingehalten werden können. Die ganze Nacht über hatte man an den Panzern gearbeitet, und erst am Morgen, als der russische Angriff bereits weit vorgetragen war, konnten sie als einsatzfähig gelten. Die Leute hatten den Befehl erhalten, hierherzufahren und weitere Befehle abzuwarten.

Sommerfeld stellte Posten auf und ließ die Russen bewachen. Wir anderen setzten uns zusammen, um über die neue Lage zu beraten.

Die verschiedensten Ansichten wurden laut. Ich gab auch die meine bekannt und sagte: »Wir verteilen uns auf die sieben Panzer und nehmen in jedem Fahrzeug einen der Russen als Fahrer mit. Wir zwingen ihn, zur deutschen Hauptkampflinie zu fahren. Sollte es uns gelingen, die russischen Linien hinter uns zu lassen, droht uns von deutscher Panzerabwehr keine geringere Gefahr. Es wäre daher gut, wenn wir zu diesem Zweck für jeden Kampfwagen eine weiße Fahne bereithätten, um sie im geeigneten Augenblick aus dem Turmluk zu stecken.«

Nach längerem Hin und Her wurde mein Vorschlag akzeptiert. Sieben Russen mussten ihre Hemden ausziehen. Sie begannen zu jammern, denn sie dachten, es ginge ihnen an den Kragen. Dann grinsten sie aber erleichtert, als wir aus den Büschen geeignete Stangen schnitzten und die Hemden an einem Ende festbanden. Wir wählten danach sieben Fahrer aus und machten ihnen klar, was wir vorhatten und worum es ging.

Die Russen nickten eifrig und meinten im Chor: »Karascho, verstenn, Pan, verstenn.«

Wilhelm Zimmermann, der vor Stunden bewiesen hatte, dass er die Panzerkanone eines T 34 zu bedienen wusste, erklärte uns schnell den Mechanismus der Waffen.

»Einer macht den Richtschützen, der andere den Kanonier. Es ist alles gar nicht so schwer. Hier, passt auf, so wird zum Beispiel das Ziel anvisiert.«

Nach einer halben Stunde wussten wir mit dem »Ding«, wie Zimmermann die Panzerkanone nannte, einigermaßen umzugehen. Wenn auch nicht wie ein perfekter Panzerkanonier, aber doch so weit, dass wir im Notfall Ziele unter Beschuss nehmen konnten.

Nun gab es kein Aufhalten mehr. Die restlichen Russen überließen wir einfach ihrem Schicksal. Sie mochten zurücklaufen und sonst wen alarmieren, unterdessen würde sich unser Schicksal schon entschieden haben. Wir verstauten sämtliche Waffen in den Panzern, natürlich auch die der Gefangenen. Dann verteilten wir uns auf die Fahrzeuge. Die russischen Fahrer starteten, die Turmluken schlossen sich, unser Unternehmen hatte begonnen.

Sommerfeld übernahm mit seinem T 34 die Führung. Mit gedrosseltem Motor verließen wir langsam die Lichtung, umfuhren das Buschwerk, einer hinter dem anderen, und hielten dann westliche Richtung ein. Sobald freies Gelände gewonnen war, wurde das Tempo vergrößert. Ab und zu mussten kleine Seen, Sümpfe, zerschossene Panzer oder andere Hindernisse umfahren werden. Die ehemalige HKL (Hauptkampflinie) wurde überrollt.

Ich saß hinter dem eingebauten MG des T 34 und beobachtete durch den Sehschlitz das Gelände. Wilhelm Zimmermann hatte eine 08 in der Hand, ließ den Fahrer nicht aus den Augen. So rasselten sieben sowjetische T 34 nach Westen, dirigiert von entschlossenen deutschen Landsern.

Nach tausend Metern stießen wir auf Gruppen arbeitender Menschen, die damit beschäftigt waren, einen über einen Sumpf führenden Knüppeldamm auszubessern. Es waren Frauen, alte Männer, Kinder. Sie wurden von uniformierten bewaffneten Männern bewacht. Ich sah, wie uns einige zuwinkten. Wenn die gewusst hätten, wer in den Panzern steckte!

Da kam mir eine Idee, der sofort die Ausführung folgte. Ich zog unserem Fahrer die Uniformjacke aus und tauschte sie gegen meine um. Auch sein Käppi setzte ich auf, schnallte sein Koppel um.

Am Anfang eines zerschossenen rauchenden Dorfes begegneten wir einer russischen Sanitätseinheit. Die Leute hatten vollauf mit sich selbst zu tun und schenkten uns keine Aufmerksamkeit. Sommerfeld lenkte sein Fahrzeug mitten durch das Dorf. Ich hätte es nicht getan, musste aber wohl oder übel folgen.

Wir erreichten ohne Zwischenfall den Ausgang des Dorfes. Ganz in der Nähe detonierte eine Granate. Die nähere

Umgebung lag überhaupt unter leichtem Beschuss, wie ich erst jetzt gewahr wurde. Das deutete darauf hin, dass wir uns in der Nähe der eigenen Linie befanden.

Plötzlich sah ich halbrechts vor mir in der Deckung eines einzelstehenden hölzernen Schuppens drei T 34. Beim vordersten öffnete sich das Turmluk. Ein Russe wurde bis zur Gürtellinie sichtbar. Es war ein Offizier im Range eines Majors. Er winkte uns mit der Hand unmissverständlich zu. Wir sollten abstoppen.

Sommerfeld aber, der vor mir fuhr, ließ Vollgas geben, ich auch, und die anderen fünf Panzer folgten unserem Beispiel.

Das musste dem Offizier wenigstens seltsam, wenn nicht verdächtig vorkommen. Sein Panzer setzte sich in Bewegung, und es gelang ihm, sich quer vor Sommerfeld zu stellen.

Erst später dachte ich daran, dass uns der Russe per Funk angesprochen haben könnte. Jeder Panzer verfügt über eine Funkanlage. Da von unseren Leuten aber keiner ein derartiges Gerät zu bedienen wusste, konnte es durchaus möglich sein, dass ein eventueller Funkspruch des Russen, der natürlich nicht beantwortet werden konnte, Verdacht erweckt hatte.

Verdammt! Ich überlegte angestrengt. Was war zu tun? Wie konnten wir uns aus dieser Affäre herausziehen, ohne dass einem ein Haar gekrümmt wurde? Zwar hätten wir es auf einen Feuerwechsel ankommen lassen können, denn wir waren sieben gegen drei. Aber in den gegnerischen T 34 saßen sicher gut ausgebildete, erfahrene Panzerleute, die sich uns im Ernstfall überlegen gezeigt hätten.

Blitzartig jagten mir diese Gedanken durchs Hirn. Sicher überlegten auch Sommerfeld und die anderen.

Der Major sprang jetzt aus dem Turm seines Panzers und hinüber auf Sommerfelds Kampfwagen.

In diesem Augenblick kam mir die rettende Idee. Ich stieß unsere Turmluke zurück, kletterte halb hinaus, achtete dabei aber darauf, dass nur mein Oberkörper gesehen werden konnte.

Der Offizier richtete sein Augenmerk sofort auf mich. Wütend rief er mir etwas zu. Ich verstand kein Wort, grinste ihn aber an und nickte mit dem Kopf. Das bewirkte, dass der Mann einen Tobsuchtsanfall erlitt. Er stand breitbeinig auf Sommerfelds Fahrzeug, die Fäuste in die Hüften gestemmt und schrie mir russische Wörter ins Gesicht.

Da rief auch ich wütend: »Da, da (ja, ja)!« Eines der wenigen russischen Wörter, die ich fließend auszusprechen vermochte. Ich tippte dabei mehrmals mit dem Zeigefinger bezeichnend an die Stirn, was international verständlich sein durfte, und verschwand dann im Innern des Panzers.

Die Wirkung war genau die von mir erhoffte. Der Major wechselte auf unseren Kampfwagen über. Ich hörte seine Schritte auf dem Stahl über mir. Jetzt musste er an der geöffneten Luke stehen. Ich hielt mich vor ihm verborgen. Zimmermann bewachte den Fahrer. Dann lallte ich mit versoffener Stimme einen russischen Fluch, der auch zu meinem Sprachschatz gehörte, und gleich darauf das Wort »Wodka«.

Jetzt würde sich zeigen, ob meine Rechnung aufging. Und sie ging auf. Der Major kletterte höchst persönlich zu uns herein, um seine vermeintlich betrunkenen Untergebenen zur Rechenschaft zu ziehen.

Er war noch nicht ganz bei uns unten, als Zimmermann ihn ansprang. Von mir wurde er entwaffnet.

Kurz entschlossen zeigte ich mich wieder im Turm.

Wenn meine Kameraden in den anderen Fahrzeugen jetzt nur keinen Quatsch verzapften. Sicher beobachteten sie mich und warteten ab.

Aus dem Turm des Kampfwagens, dem der Major entstiegen war, tauchte der Kopf eines Russen auf. Ich winkte ihm gebieterisch zu, dem Ersten unserer Panzer den Weg frei zu machen und schnauzte ihn wütend an.

Der russische Kollege war so nett, dem unfreundlich geäußerten Wunsch sofort nachzukommen, und wir hatten freie Bahn.

So weit war alles zufrieden stellend verlaufen. Sommerfeld ließ seinen Panzer anrollen, wir folgten. Ich verweilte einen Augenblick im Turm und grinste zufrieden vor mich hin. Tatsächlich! Die drei T 34 schlossen sich unserem Zug an.

Ich hatte mich aber etwas zu früh gefreut. Zunächst klappte noch alles. Der Beschuss der deutschen Artillerie nahm an Stärke zu. Ich zog den Kopf ein und verschloss sorgfältig die Luke über mir.

Nach einigen hundert Metern trafen wir auf sowjetische Truppen, die dabei waren, sich einzugraben. Es war unseren Einheiten also gelungen, den feindlichen Angriff abzustoppen.

Wir ließen die neue russische Hauptkampflinie hinter uns und stießen ins Niemandsland vor. Fünfzehnhundert Meter in südwestlicher Richtung machte ich ein brennendes Dorf aus. Sommerfeld steuerte darauf zu.

Lag die deutsche HKL vor oder hinter den brennenden Häusern? Hatte man unser Anrollen schon bemerkt? War schon Panzeralarm gegeben worden? Warteten deutsche Landser hinter Pak darauf, eigene Kameraden abzuknallen? Wie würden sich die drei Panzer mit der russischen

Besatzung am Schluss unseres Zuges verhalten? Hundert Fragen wirbelten mir durch den Kopf.

Die Entscheidung fiel schneller, als ich angenommen hatte. Plötzlich krachte es metallisch hart gegen die Panzerverkleidung unseres T 34.

Panzergranaten! durchfuhr es mich.

Wir lagen unter direktem Beschuss fünf deutscher Panzer. Sie standen in breiter Linie vor dem brennenden Dorf.

Wir brummten mit Vollgas auf sie zu. Ihr Feuer schlug uns entgegen, noch aber hielt die Panzerung der T 34 stand.

»Merken die Idioten denn nicht, dass wir keinen Schuss erwidern?«, rief Zimmermann erregt. »Steck doch die weißen Lappen raus!«

»Ist noch zu früh. Sie würden es kaum erkennen, wir müssen noch näher ranfahren.«

»Den Knallköppen müsste doch wenigstens auffallen, dass wir uns hintereinander halten, nicht aber in breiter Formation, also keinen Angriff fahren können.«

Ich kam nicht mehr zum Antworten, denn unversehens gab es einen lauten Krach. Wir torkelten gegen die Inneneinrichtung des Panzers. Ich fasste mich zuerst und stellte fest, dass unser Kampfwagen auf den vor uns befindlichen aufgefahren war. Dunkle Rauchwolken verhinderten für Augenblicke ein klares Sehen. Dann bemerkte ich, dass Sommerfeld mit seinen Leuten ausstieg.

Ich riss die Turmluke auf. Der Luftdruck einer krepierenden Granate ließ mich für einen Moment den Kopf einziehen. Da war auch schon Sommerfeld.

»Es hat uns erwischt!«, keuchte er. »Wir verteilen uns auf die anderen Wagen. Einer noch zu euch rein! Steckt die Fahnen raus! Vielleicht wird es bemerkt.«

Weg war er. Die selbst gefertigten Fahnen konnten auf diese Entfernung nicht gesehen werden. Aber an meine Leuchtpistole hatte ich bisher nicht gedacht. Sie steckte im rechten Schaft meines Stiefels. Hastig lud ich sie durch und schoss eine Patrone ab, die mit der Aufschrift »Sternbündel weiß« versehen war.

Hoffnungsvoll blickte ich ihrem Flug nach. Würde man unser Signal bemerken?

Noch zwei oder drei Einschläge erfolgten, dann stellten sie drüben wirklich das Feuer ein und kamen, einen breiten Halbkreis bildend, herangerasselt. Hinter mir schwenkten die Kameraden eifrig die weißen Fetzen aus den Türmen.

Endlich hatten die russischen Besatzungen der letzten drei T 34 erkannt, dass sie in eine Falle gegangen waren. Sie manövrierten ihre Panzer in die Richtung, aus der wir gekommen waren, und versuchten sich schießend abzusetzen.

Die Besatzungen der deutschen Kampfwagen nahmen den Kampf an. Es gelang, dem einen T 34 eine Gleiskette zu zerschießen. Die Besatzung stieg aus und ergab sich. Den anderen beiden Panzern glückte es, sich hinter einer Bodenwelle der Sicht zu entziehen und zu entkommen.

Unteroffizier Sommerfeld erstattete einem jungen Panzerleutnant Bericht. Wir sahen das staunende Gesicht des Offiziers. Klar, unser Abstecher ins feindliche Hinterland war lohnend gewesen. Einige russische Soldaten und einen Panzermajor als Gefangene, dazu sechs einsatzfähige Panzer als Kriegsbeute, das war schon was.

Der Raum, in dem ich lag, war angefüllt von verschiedenartigen Lauten schnarchender Kameraden. Die Luft war schlecht. Es roch nach Schweiß, Leder, Tabak und billigem

Schnaps. Wir befanden uns gute zwei Meter unter der Erde in einem Bunker. Neben mir schliefen Dornacher und Zimmermann.

Unsere Kompanie, von der sich nur noch wenige Männer eingefunden hatten, war mit frischen Reservekräften aufgefüllt worden. Viele junge, sehr junge Gesichter waren dabei.

Ein achtzehnjähriger Bauernsohn aus Ilsfeld im Kreis Heilbronn war darunter, ein gleichaltriger Junge aus Dortmund, ein Kriegsfreiwilliger Siebzehnjähriger, der es zu Hause und in der Schule nicht mehr ausgehalten hatte. Und so ging es weiter.

Sie waren in Troppau in der Tschechoslowakei ausgebildet worden. Keiner von ihnen war jemals an der Front gewesen. Alle brannten darauf, dem Russen zu zeigen, was für tapfere Soldaten sie waren.

Ich konnte keinen Schlaf finden und döste vor mich hin. Feldwebel Schwalbe trat durch die Bunkeröffnung und wandte sich an mich.

»Stellen Sie einen Spähtrupp von fünf Mann zusammen«, sagte er. »Suchen Sie sich geeignete Leute aus. Zweihundert Meter vor der Stellung steht eine ausgebrannte Ruine. Es ist für uns wichtig zu erfahren, ob sie vom Feind besetzt ist. Verstanden?«

Ich sagte: »Jawoll, Herr Feldwebel!«, und Schwalbe verließ den Raum.

Zimmermann war bei seinem Eintreten munter geworden.

»Hast du alles mitbekommen?«, fragte ich.

Seine ganze Antwort bestand aus zwei Wörtern: »Verfluchter Mist!«

»Nicht schimpfen, Kleiner«, beruhigte ich ihn. »Ist doch

halb so schlimm, und frische Luft ist gesünder als der Mief hier.«

»Mir ist der Mief lieber«, beharrte er. »Frische Luft, in der bösartige Bleihummeln herumfliegen, ist mir unsympathisch.«

Dornacher rieb sich die Augen.

» … is ’n los?! Fängt wohl wieder an zu regnen, was?«

»Du spinnst, Mensch!«, raunzte Zimmermann ihn unwirsch an. »Beeil dich, wir machen einen kleinen Spaziergang in der frischen Luft.«

Es stand für die beiden Kameraden fest, dass sie mitkamen. Ich bestimmte noch zwei von den Neuen, Fritz Reelinger und Gerhard Smikalla. Dann trotteten wir hinaus in den Graben.

Dunkelheit lag über der Erde. Nicht ein einziges Gestirn stand am Himmel, und doch war es möglich, einige Meter weit zu sehen, wenn man sich flach auf den Boden legte.

Der Grabenposten rief uns an: »Halt! Parole!«

Ich antwortete: »Riga.«

Er ließ uns passieren. Es war der Junge aus Dortmund, und er nahm die Pflichten des Postens sehr genau.

Wir stemmten uns die Grabenwand hoch, schlüpften durch die Drahtgasse und befanden uns im Niemandsland. Drüben beim Russen stiegen zwei Leuchtkugeln empor. Vereinzelt peitschten Schüsse durch die Nacht. Wir verharrten einen Augenblick. Ein fernes Brummen wurde vernehmbar, welches rasch an Lautstärke zunahm.

»Nähmaschine«, flüsterte Zimmermann.

Ja, es war die »Nähmaschine«, ein russischer Nachtbomber, der von deutschen Landsern diesen Spitznamen auf Grund des eigentümlichen Geräusches erhalten hatte, das sein Motor verursachte (U-2-Doppeldecker). Es verging wohl keine Nacht, in der dieses Flugzeug die deutschen Linien nicht angeflogen hätte. Es warf dann immer da und dort ein paar Bomben, die in den seltensten Fällen Unheil anrichteten und mehr daraufhin abgestimmt waren, demoralisierend zu wirken.

Wir schoben uns vorsichtig und langsam, jedes Geräusch vermeidend, nach vorn. Ich hatte am Tag die Ruine, die jetzt unser Ziel bildete, durch einen Feldstecher betrachtet und wusste deshalb, dass sich ein feindlicher Posten, wenn dort überhaupt einer anzutreffen war, am südlichen, vorgeschobenen Teil der Trümmer aufhalten würde; an einem Punkt, von dem er die deutsche HKL tagsüber unter guter Beobachtung gehabt hätte.

Ich führte meinen Trupp deshalb zunächst in entgegengesetzte, nördliche Richtung, schlug dann einen Halbkreis nach Norden und befand mich so im Rücken der eventuell in der Hausruine vorhandenen Gegner.

Bis jetzt war alles glatt gegangen. Der eigentliche, schwierigere Teil des Unternehmens lag noch vor uns. Er bestand darin, sich unter Aufbietung aller Vorsicht an die Ruine heranzuarbeiten und zu erkunden, ob, wo und wie viele sowjetische Soldaten anwesend waren.

Das Ziel hatten wir bisher noch nicht ausmachen können. Wenn man es in der Finsternis erkennen wollte, musste der Abstand zu ihm um ein beträchtliches Stück verringert werden. Auf meinen Ortssinn konnte ich mich verlassen. Die Richtung, in der wir uns bewegten, war richtig. Noch etwa dreißig Meter, dachte ich.

Dann endlich, nach weiteren Minuten des Heranschleichens, in denen alle Sinne und Nerven bis aufs Äußerste angespannt waren, entdeckte ich zuerst – da die Kameraden einige Meter hinter mir lagen – die kaum wahrnehmbaren Umrisse der Ruine.

In diesem Moment zischte aus dem russischen Graben, der nur einen Steinwurf hinter uns lag, eine Leuchtkugel durch das Dunkel. Sie tauchte die nähere Umgebung in ein Licht, das eine gleißende Helle verbreitete. Ein nervöser feindlicher Posten streute einige Maschinengewehrgarben über das Gelände.

Ich sah deutlich das Mündungsfeuer der Waffe. Wir zogen die Köpfe ein und pressten uns an den Erdboden. Zentimeternah zwitscherte der Tod vorbei. Waren wir entdeckt worden? Keiner bewegte sich. Abwarten und Ruhe behalten. Es geschah aber nichts.

Nach fünf Minuten robbten wir weiter voran. Die Ruine war nähergerückt, jetzt allen erkennbar.

Da hielt ich unversehens in meiner Vorwärtsbewegung inne und lauschte angestrengt. Donnerwetter! War da nicht das regelmäßige tiefe Luftholen und Ausatmen schlafender Menschen zu hören?

Wir glitten näher heran, dicht an eine teilweise ganz gebliebene Grundmauer geschmiegt, und lauschten.

Wahrhaftig! Hinter der nächsten Ecke musste ein Mensch liegen und schlafen. Es konnte nur ein sowjetischer Soldat sein. Ich bedeutete den Kameraden durch Zeichen, einen Augenblick zu verharren; diesen Fall wollte ich erst selbst untersuchen.

Noch behutsamer schob ich meinen Körper voran, erreichte das Ende der Mauer, war gerade im Begriff, weiterzurobben, als die tastende Hand etwas erfühlte, was mich bewog, sofort zurückzuweichen und meine 08 (Pistole) in Anschlag zu bringen.

Ich wartete, bereit, mich zu verteidigen, aber nichts passierte, niemand griff an. Meine Hand hatte eben einen menschlichen Kopf berührt, und ich musste erkennen, einen schlafenden Russen aufgeweckt zu haben. Ich wagte mich wieder vor und bemerkte erst jetzt vier schlafende menschliche Gestalten. An den gleichmäßigen Atemzügen war zu erkennen, dass keiner erwacht war. Ich kehrte um und erstattete den Kameraden leise Bericht.

»Wir wecken sie auf, halten ihnen die Schießeisen unter die Nase und nehmen sie mit«, schlug Zimmermann vor.

»Wir wissen nicht, ob die vier allein hier sind«, gab Dornacher zu bedenken.

»Richtig!«, stimmte ich ihm zu. »Es ist sogar wahrscheinlich, dass diese vier Mann zu einer Wachgruppe gehören, jetzt keinen Posten stehen müssen und deshalb schlafen.«

»Dann müssten also noch mehr Russen hier sein«, warf Reelinger ein.

»So wird es sein, und zwar mindestens noch zwei Mann, die auf Posten stehen. Wir werden Folgendes machen: Du, Wilhelm, kommst mit mir. Wir suchen den ganzen Ruinenkomplex ab und kassieren feindliche Posten, auf die wir sicher stoßen werden. Reelinger und Smikalla unter Führung von Dornacher bleiben zurück, umstellen leise die vier schlafenden Russen und schießen, wenn sie aufwachen sollten und an Gegenwehr denken. Alles klar?«

»Alles klar!«, antwortete Dornacher.

Zimmermann und ich huschten in entgegengesetzter Richtung davon. Wir vermieden sorgfältig jedes Geräusch, welches zum Verräter hätte werden können. Das war leichter gesagt als getan. Überall lagen Stein- und Erdbrocken umher, verkohlte Balken und anderes durch die Dunkelheit undefinierbares Zeug.

Jeder von uns hielt eine entsicherte »08« in der Hand.

Die anderen Waffen hatten wir im Graben zurückgelassen, da sie bei diesem Unternehmen nur hinderlich gewesen wären. Im Übrigen mussten wir uns in dieser Situation mehr auf das Hören als auf das Sehen verlassen. Plötzlich war es mir, als wenn ich ein Geräusch vernommen hätte, das entsteht, wenn jemand mit dem Fuß an einen Stein stößt. Ein Irrtum schien ziemlich ausgeschlossen, denn es war still, kein Wind regte sich.

Vorsichtshalber suchten wir eine Deckung auf und warteten. Das war das Beste, was wir tun konnten, wie sich später erwies. Hätten wir unseren Weg fortgesetzt, wären wir dem Feind direkt in die Arme gelaufen. So aber tat er uns den Gefallen.

Auf einmal tauchten aus dem Dunkel zwei Schatten auf. Es waren ohne Zweifel russische Posten auf einem Kontrollgang. Sie bewegten sich ruhigen Schrittes auf die Stelle zu, wo wir lagen. Ich spannte meine Muskeln zum Sprung an.

Da stieß Zimmermann, der dicht neben mir lag, mit seiner »08« leicht gegen meinen Stahlhelm. Es machte »klick«.

Die Russen standen sofort starr, aber ich hechtete schon nach vorn, hörte noch im Flug das Knacken von umgelegten Sicherungsflügeln und rammte einem der Russen meine Fäuste in die Magengrube. Er überschlug sich und riss ungewollt seinen Kameraden mit zu Boden. Ich selbst fiel über beide, und Zimmermann landete auf meinem Rücken. Glücklicherweise fühlte er gleich, wen er unter sich hatte, und stürzte auf einen Gegner.

Es war ein kurzer Kampf. Die Überraschung, eine starke, nicht zu unterschätzende Waffe, war auf unserer Seite gewesen, und wir hatten sie genutzt. Als die Rotarmisten entwaffnet waren, sagte ich »Dawai!«, drückte einem die 08 in den Rücken und schob ihn vorwärts. Zimmermann verarztete den anderen nach meinem Beispiel, und so kehrten wir schneller als erwartet zu den Kameraden zurück.

Die vier Schläfer waren immer noch nicht erwacht. Als wir ihnen die Waffen entrissen, sprangen sie verstört auf, ergaben sich aber dann in ihr Schicksal. Jeder von ihnen war mit einer Maschinenpistole bewaffnet, außerdem verfügten sie insgesamt über dreißig Eierhandgranaten.

Nachdem wir sie an uns genommen hatten, erklärte ich den anderen kurz, wie wir uns mit den gefangenen Russen absetzen würden.

»Zimmermann und ich übernehmen die Spitze, dann folgen die Gefangenen, Dornacher, Reelinger und Smikalla machen den Schluss.«

»Alles in Butter«, sagte Dornacher. Er prüfte eine der russischen Maschinenpistolen, die um seinen Hals hing. Russische Maschinenpistolen hatten während des letzten Weltkrieges siebzig Schuss in einer Trommel, eine Tatsache, die diese Waffe der deutschen Maschinenpistole überlegen machte.

Ich wandte mich noch einmal an Reelinger und Smikalla, die beiden Frontneulinge: »Vorsicht ist die Mutter der Porzellankiste! Mir ging bisher alles zu glatt, sodass ich beinahe befürchte, zum Schluss noch eine unangenehme Überraschung zu erleben. Wisst ihr überhaupt mit einer russischen Maschinenpistole umzugehen?«

Sie verneinten die Frage, und ich zeigte ihnen die Handhabung der feindlichen Waffen. Somit war alles klar. Ich gab den Sowjetsoldaten zu verstehen, wie sie sich zu verhalten hatten. Sie verstanden und begriffen, dass auch ihr Leben gefährdet war, wenn irgendetwas schief gehen würde.

Wir brauchten jetzt keinen Umweg zu machen. Der gerade Weg, der eingeschlagen werden konnte, war deshalb wesentlich kürzer. Es bestand keine Gefahr, von deutschen Posten verkannt und beschossen zu werden. Jeder Wache stehende Soldat in unserer und auch in den beiden Nachbarkompanien war unterrichtet, dass sich ein eigener Spähtrupp im Niemandsland befand.

Wir pirschten zurück. Es klappte alles wie auf dem Kasernenhof oder im Übungsgelände. In einem Granattrichter wurde eine Verschnaufpause eingelegt. Zimmermann lag zu meiner Rechten auf dem Trichterrand. Unsere Augen durchforschten das Dunkel der Nacht. Die Russen kauerten eng nebeneinander auf dem Boden. Dornacher, Reelinger und Smikalla sicherten nach hinten.

»Noch etwa hundertfünfzig Meter«, sagte ich mit gedämpfter Stimme, »dann haben wir es geschafft.«

Zimmermann öffnete seinen Mund zu einer Entgegnung. Er behielt ihn aber offen und sagte nichts, denn gerade in dieser Sekunde erfolgten vor uns, wo sich das Grabensystem unserer Kompanie befinden musste, mehrere dumpf krachende Detonationen.

»Handgranaten!«

Maschinenpistolen und Maschinengewehre begannen zu knattern. Einige Garben zwitscherten über uns hinweg. Zimmermann sah der Flugbahn der Leuchtspurmunition nach und schüttelte den Kopf.

»Begreifst du das?«

Ich begriff und antwortete: »Zwei Möglichkeiten gibt es zur Erklärung dieses plötzlichen Feuerwerks. Sie heißen russischer Späh- oder Stoßtrupp. Es kann einem feindlichen Spähtrupp gelungen sein, sich bis an die deutsche Linie heranzuarbeiten. Einer unserer Posten war aufmerksam genug und eröffnete das Feuer. Ich glaube aber viel eher, dass wir es mit einem Stoßtrupp zu tun haben.«

Es stellte sich bald heraus, dass meine Annahme richtig gewesen war. So plötzlich, wie der Feuerspuk begonnen hatte, hörte er auch wieder auf. Ein Stoßtrupp arbeitet rasch und radikal. Auf ein größeres Feuergefecht darf er sich nicht einlassen. Er würde unterliegen, weil er zahlenmäßig dem Gegner nicht gewachsen ist. Stärke und Erfolg liegen in der Wahrnehmung des Überraschungsmomentes. Außerdem ist ein Stoßtrupp mit Spezialwaffen und -geräten ausgerüstet. Ihm wird häufig die Aufgabe gestellt, einen kurzen Einbruch im gegnerischen Graben zu erzielen, einige Gefangene zu machen und sich so schnell wie möglich wieder abzusetzen. Von der Vernehmung und den Aussagen der Gefangenen erhofft man sich später wichtige militärische Hinweise über Zustand und Stärke der Truppe, deren Ausrüstung, ihre Kampfmoral usw.

»Wenn es ein Stoßtruppunternehmen war und sie bewegen sich in einigermaßen gerader Linie auf ihre eigenen Stellungen zurück, dann müssten sie in nächster Nähe vorbeikommen«, sagte Zimmermann.

Er hatte Recht. Der Feind kam, aber er bewegte sich nicht vorbei, sondern direkt auf uns zu. Ahnungslos noch. Das war unsere Chance. Die Stärke eines Stoßtrupps ist verschieden. Er kann zehn, zwanzig, fünfzig oder noch mehr Männer zählen. Ich wusste also nicht, wie viele gegen meinen kleinen Spähtrupp vorrückten.

»Dornacher und Smikalla!«, rief ich mit verhaltener Stimme. Sie waren schnell bei mir.

»Achtung! Geht gleich los. Feuerbefehl abwarten!«

Sie nickten stumm und postierten sich neben Zimmermann. Reelinger musste auf der anderen Seite des Trichters verbleiben, um die Gefangenen im Auge behalten zu können.

Und dann hörten wir zuerst, wie ein herannahender Mensch stolperte, zu Boden fiel und mit unterdrückter Stimme fluchte. Es waren russische Laute. Und nun erkannte man die dunklen Schatten von russischen Soldaten. Ganz ruhig und kalt versuchte ich sie noch zu zählen. Es mussten zwanzig bis fünfundzwanzig sein. Bis auf etwa fünf Meter waren sie inzwischen herangekommen.

»Feuer!«, schrie ich und krümmte gleichzeitig den Zeigefinger.

Vier russische Maschinenpistolen ratterten, nur Sekunden, dann war die grausige Arbeit beendet. So schien es mir wenigstens. Ich erhob mich und ging, gefolgt von den Kameraden, um die Toten zu untersuchen. Das war ein Fehler, der mir als altem Frontsoldaten nicht hätte unterlaufen dürfen. Ich bückte mich bei dem ersten Gefallenen nieder, als ein unterdrückter Warnruf hinter mir ertönte. Es war der kleine Zimmermann, der ihn ausgestoßen hatte. Blitzschnell drehte ich mich um und sah, wie zwei Russen dabei waren, dem am Boden liegenden und sich verzweifelt wehrenden Zimmermann den Rest zu geben.

Dornacher und Reelinger standen ebenfalls einer Übermacht gegenüber, und gerade stürzte sich ein russischer Hüne auf mich.

Also Nahkampf! Mann gegen Mann, beziehungsweise vier gegen etwa sieben oder acht Russen. Von unserem Feuerüberfall war vorhin demnach nur ein Teil getroffen worden. Die anderen hatten sich wahrscheinlich rechtzeitig zu Boden werfen können und waren nun im Begriff, ihre Kameraden zu rächen.

Ein nächtlicher Nahkampf im Niemandsland. Keuchende Männer stehen sich mit gezogenem Seitengewehr gegenüber. Jeder weiß, es gibt keinen Pardon. Jeder versucht, sein Leben zu retten, indem er sich das des Feindes nimmt.

Ich hatte mit meinem Gegner Glück. Er war zwar größer und kräftiger als ich, dafür aber langsamer mit seinen Bewegungen. Ehe er sich versah, brach er lautlos zusammen. Plötzlich fühlte ich einen stechenden Schmerz in der linken Schulter.

Messerstich!

Ich fiel über den getöteten Russen, richtete mich aber sofort wieder auf und erkannte zwei neue Gegner. Es waren die beiden, die eben noch mit Zimmermann gekämpft hatten.

Blitzartig überlegte ich: Zimmermann? War er unterlegen? Tot? Ja, natürlich, tot! Sonst wäre er doch aufgestanden! Er lag aber nur zwei Schritte neben mir auf dem Boden und bewegte sich nicht.

Da überfiel mich eine maßlose Wut und verlieh mir ungeahnte Kräfte. Der Tod des Kameraden musste gerächt werden. Dass die Russen wahrscheinlich genauso fühlen und denken mussten, kam mir im Augenblick nicht in den Sinn. Mir war jetzt alles egal. Ich warf mein Seitengewehr weg und stürzte mich mit bloßen Händen auf den mir nächststehenden und eben zu einem neuen Angriff ansetzenden Gegner.

Dornacher hatte es nur noch mit einem Mann zu tun. Der junge Smikalla aber wurde hart von zwei Rotarmisten bedrängt. Eben fiel er zu Boden. Hier war höchste Eile geboten. Mit drei Sätzen war ich bei ihm und drängte die Russen auseinander. Sie wandten ihre Aufmerksamkeit mir zu. So gelang es meinem Kameraden, einem die Beine wegzureißen. Den anderen traf ich mit einem schweren Schlag. Smikalla wälzte sich mit seinem Gegner am Boden. Ich griff ein und entschied den Kampf.

Dornachers letzter Gegner hatte sich ergeben, und wir waren doch noch Sieger geblieben.

Sofort kümmerte ich mich um Zimmermann, fühlte seinen Puls und erkannte, dass sein Herz noch schlug; zwar sehr schwach, aber er lebte noch und konnte vielleicht doch noch gerettet werden, wenn wir für schnelle ärztliche Hilfe sorgten.

Dornacher kniete neben mir.

»Reelinger soll sofort mit den Gefangenen kommen«, wandte ich mich an ihn. »Untersucht die Russen. Wer von ihnen noch lebt, also nur bewusstlos ist, muss von den Gefangenen getragen werden. Macht schnell!«

Nach einer Minute schon waren wir abmarschbereit. Zimmermann trug ich selbst. Meine linke Schulter schmerzte höllisch.

Als uns der erste deutsche Posten die Parole abverlangte, atmeten wir erleichtert auf. Im Kompaniegefechtsstand bemühte sich Sanitätsunteroffizier Gersheim um Zimmermann. Währenddessen erstattete ich Oberleutnant Friedrich Bericht.

Er hörte mir schweigend zu und sagte dann: »Gut gemacht. Aber zeigen Sie mal Ihre Schulter! Sie bluten, Sie sind verwundet? Lassen Sie sich untersuchen.«

Meine Sorge galt aber zunächst nur Zimmermann.

»Wie steht's mit ihm?«, fragte ich Gersheim.

»Zwei Messerstiche«, gab er mir Bescheid. »Muss operiert werden, ist eventuell zu retten. Zeigen Sie mir aber mal Ihren Schaden. Vielleicht müssen Sie gleich mit zum Hauptverbandsplatz.«

Es stellte sich heraus, dass meine Verwundung tatsächlich nicht »ohne« war. »Schulterknochen verletzt«, konstatierte Gersheim. »Sie müssen ebenfalls zum Hauptverbandsplatz.«

Das war mir nur zum Teil angenehm. Ich verließ ungern Dornacher und die anderen Kameraden. Ich gehörte zu ihnen, wir bildeten eine Einheit. Das Schicksal Zimmermanns aber lag mir genauso am Herzen. Vielleicht schlug er noch einmal die Augen auf, vielleicht konnte ich ihm einen Wunsch erfüllen.

Am Hauptverbandsplatz herrschte Hochbetrieb. Verwundete, Kranke, sie waren nicht zu zählen.

Zimmermann wurde sogleich von mir getrennt. Auf meine Frage erklärte mir eine Schwester, er würde umgehend operiert werden. Mich verarztete man erst nach Stunden. Die dringenden Fälle gingen vor. Als ich mich endlich vom Operationstisch erheben durfte und mit einem frisch angelegten Verband einen behelfsmäßig eingerichteten Krankensaal betrat, sah ich Zimmermann. Er lag wie die anderen auf einem Strohsack. Seine großen grauen Augen waren geöffnet und blickten starr nach oben. Dann sah er mich, und über sein blasses Gesicht huschte ein zufriedenes Lächeln. Auch ich war erleichtert, denn nun wusste ich, dass er durchkommen würde.

Noch einmal zogen an meinem geistigen Auge die Bilder der letzten Stunden vorüber. Einen Kameraden in letzter Minute herausgehauen – ein Menschenleben dem Ungeheuer Krieg entrissen – ein einziges! Aber auf jeder Seite starben gleichzeitig Hunderte! Tausende! Zehntausende!

Aus der Ferne grollte dumpf Geschützdonner heran.

Vierzehn Tage später war ich wieder hergestellt. Ein Oberarzt musterte mich kurz und sagte nur: »K.v.« (kriegsverwendungsfähig).

Abschied von Zimmermann! Das war eine Sache für sich. Als ich vor seinem Bett stand und ihm die Hand reichte, überkam mich ein Würgen im Hals, und mit rauer Stimme sagte ich: »Mach's gut, alter Junge. Du wirst auch schnell wieder fit sein. Auf jeden Fall halten wir Verbindung. Ich schreibe dir zuerst und hoffe, dass wir uns bald wieder sehen.«

Er wollte antworten, aber er brachte keinen Ton heraus. Ich musste mich losreißen. An der Tür drehte ich mich noch einmal um. Er sah mir mit einem Blick nach, den ich mein Leben lang nicht vergessen werde.

Nie wieder habe ich Zimmermann gesehen. Er fiel später bei einem Gegenangriff auf russische Stellungen. Ich erfuhr es durch Zufall.

*

Ein Trupp von etwa fünfzig Feldgrauen trottete durch die Nacht. Es regnete. Der Ostwind trieb den Leuten das Wasser ins Gesicht. Es drang durch die Uniform bis auf die Haut.

Kilometer um Kilometer wurden zurückgelegt. Die Leute begannen zu frieren, denn die Nacht war kalt, und die nassen Kleider wirkten kühlend. Neben mir schritt Feldwebel Bensdorf, der uns einweisen sollte. Unser Trupp bestand aus Männern, die alle wie ich in den letzten Tagen oder Wochen leichter verwundet worden waren und vom Truppenarzt schnell wieder k.v. geschrieben werden konnten.

Wir sollten, wie ich eben erfahren hatte, einer Kompanie zugeteilt werden, die starke Ausfälle zu verzeichnen hatte. Ich würde also nicht zu meinem alten Haufen zurückkehren können. Das war bedauerlich, denn ich hätte gern gewusst, wie es Dornacher, Smikalla und den anderen Kameraden ging.

Feldwebel Bensdorf kannte den Weg, deshalb achtete ich nicht besonders auf das Gelände, von dem in der Dunkelheit sowieso nicht allzu viel auszumachen war.

Ich hing meinen Gedanken nach und lag dann unversehens wie alle anderen flach auf der Erde, denn rings um uns krachte es aus Maschinenpistolen und Karabinern.

»Partisanen!«, schrie jemand, und einige erwiderten das Feuer, ohne Ziele erkennen zu können. Der Überfall war so plötzlich gekommen, dass es mir erst einige Sekunden später dämmerte, in welcher Gefahr wir uns befanden.

Von den Partisanen war anzunehmen, dass sie das Gelände sehr genau kannten, von uns wusste in der Dunkelheit nur Bensdorf Bescheid. An dem Mündungsfeuer der feindlichen Schützen erkannte ich, dass wir es mit mindestens achtzig Gegnern zu tun hatten.

»Völlig umzingelt!«, rief mir Bensdorf verzweifelt zu.

Ich antwortete nicht. Was sollte ich auch sagen? Jeder von uns musste erkannt haben, dass die Lage aussichtslos war. Hier hieß es nur noch: kämpfen bis zum letzten Atemzug.

»Wir ergeben uns!«, brüllte einer in Todesangst, doch jedem war bekannt, dass Partisanen kaum Gefangene machten.

»Verfluchter Dreck!«, machte sich mein Nebenmann Luft. »Ich will 'nen Besen fressen, wenn …«

Er konnte den Satz nicht mehr vollenden. Sein letztes Wort erstarb in einem Röcheln.

Kopfschuss!

Wir versuchten uns einzugraben. Gott sei Dank schienen unsere Gegner keine Handgranaten bei sich zu führen. Wir waren auf engstem Raum zusammengepfercht, und Handgranatendetonationen hätten in unseren Reihen eine schnelle und furchtbare Wirkung gehabt.

»Feuer einstellen!«, befahl Bensdorf.

Das war das Beste, was wir in dieser Situation machen konnten. Blieben wir ruhig, schossen nicht zurück, konnten die Feinde nicht wissen, wie viele von uns noch lebten. Wir mussten versuchen, uns einzugraben und abzuwarten. Vielleicht kam Hilfe von außerhalb des Ringes.

Aber es kam ganz anders. Die Partisanen gaben uns keine Chance. Wir sollten um unser Leben kämpfen. Zwanzig Minuten, nachdem unser Feuer eingestellt worden war, stürmten sie. Das jedoch war ihr Fehler.

Die Rollen waren jetzt anders verteilt. Wir lagen in Deckung, und die Stürmenden boten sich als Ziel an. Das konnte die Wendung bringen.

Wir warteten ab, bis ihre dunklen Umrisse sichtbar wurden. Dann schossen wir und warfen Handgranaten.

Fünf Mann von den Partisanen ergaben sich. Die anderen – es waren siebenundsechzig – lagen am Boden. Sie hatten ihren Angriff mit ihrem Leben bezahlen müssen.

Vierzehn Kameraden waren zu beklagen. Wir begruben sie an Ort und Stelle und errichteten über ihrem Grab ein behelfsmäßiges Kreuz. Daraufhin wurde der unterbrochene Marsch fortgesetzt.

Nach einer guten Stunde kamen wir in die Nähe der Front. Die letzten drei bis vier Kilometer führten über einen Knüppeldamm, der durch einen Sumpf führte.

Je näher die vorderste Linie heranrückte, desto häufiger

mussten wir Deckung aufsuchen, denn von russischer Seite feuerte in kurzen Abständen ein schweres Maschinengewehr herüber.

Die fünf Gefangenen befanden sich, uns allen sichtbar, an der Spitze des Trupps. Plötzlich, als uns die Garben des gegnerischen Maschinengewehrs wieder einmal zu Boden zwangen, sprangen sie auf und waren Sekunden später wie vom Erdboden verschluckt. Wir sandten ihnen einige Kugeln und Handgranaten nach. Erfolg: direkter Beschuss des feindlichen Maschinengewehrs. Wir zogen die Köpfe ein, denn die MG-Garben lagen genau.

»Lasst sie laufen«, sagte Bensdorf. »Sie kennen sich hier besser aus als wir. Unsereins dürfte sich weder rechts noch links vom Knüppeldamm herunterwagen. Sie aber wissen, wo der Boden fest ist.«

Als endlich die erste Linie erreicht wurde, begann der Morgen zu grauen. Ein Unteroffizier namens Buschmeier nahm uns in Empfang.

»Pennt euch erst mal richtig aus«, erklärte er, »und um acht Uhr dann auf Kompaniegefechtsstand melden bei Hauptmann Gerwitz. Vielleicht erscheint der Alte aber vorher selbst, na, werdet's ja sehen. So, kommt mit, zeige euch jetzt euer Appartement.«

Wir wurden auf die Erdbunker verteilt, oder auf die »Appartements«, wie sie Unteroffizier Buschmeier liebenswürdigerweise bezeichnete.

Ich bekam ein Loch zugewiesen, in dem knapp vier Mann Platz hatten. Es lagen aber fünf am Boden und schliefen. Ich quetschte mich noch als Sechster dazwischen und war zwei Minuten später ebenfalls eingeduselt.

Um halb acht Uhr riss mich jemand unsanft aus dem Schlaf. Es war Buschmeier.

»Mensch, kann der Kerl pennen«, sagte er. »Beeilen Sie sich, Hauptmann Gerwitz geruht seine Morgenvisite zu machen.«

Dieser Unteroffizier gefiel mir, denn er war witzig. Solchen Leuten war es häufig zu verdanken, dass in Stunden des Chaos und der allgemeinen Auflösung die Truppe nicht vollständig verzweifelte.

Im Graben traf ich auf die Kameraden, die mit mir den nächtlichen Marsch und den Partisanenüberfall erlebt hatten. Aus einem Laufgraben, der nach hinten führte, trat jetzt ein Mann in der Uniform eines Hauptmanns.

Wir nahmen Haltung an, und Buschmeier schnarrte seine Meldung herunter. Hauptmann Gerwitz ließ rühren. Dann unterhielt er sich mit uns in einer Art, die wohl tat. Ich fühlte, dass er ein erfahrener Frontoffizier war, zu dem man Vertrauen haben konnte.

Er sagte: »Männer! Eine kurze, aber wichtige Lageerklärung! Die russische Front verläuft linienförmig vor der unseren in Abständen, die zwischen fünfhundert bis tausend Meter liegen. Hinter uns erstreckt sich ein weit ausgedehntes Sumpfgebiet, über welches zwei Knüppeldämme führen, die in den letzten Tagen unter beinahe ständigem Beschuss russischer Ari lagen, die zum Teil zerstört und von uns wieder ausgebessert wurden. Diese Knüppeldämme bilden die einzige Verbindung zum Hinterland, über sie läuft der gesamte Nachschub. Ziel der russischen Angriffe in der vergangenen Woche war, uns in diese Sümpfe zu treiben und zu vernichten. Es wird einesteils erwogen, die eigene Stellung freiwillig zurückzuverlegen, und andererseits, die vor uns liegenden russischen Stellungen zu überrennen. Die Entscheidung, was zu tun sein wird, bleibt höherer Warte vorbehalten. Mitten im Niemandsland, dreihundert Meter von unserer Stellung entfernt, steht ein ehemaliger deutscher Bunker, der zurzeit von russischen Maschinengewehrschützen besetzt ist. Er schmiegt sich an eine Bodenwelle an, und von ihm aus kann man einen der Knüppeldämme unter Kontrolle halten. Dieser Bunker wechselte in letzter Zeit mehrmals den Besitzer. Er kostete uns und den Feind viel Blut. Um diesen Fall endgültig zu entscheiden, habe ich Vorkehrungen getroffen, ihn in die Luft zu sprengen. Nebelwerfer werden um 9.45 Uhr einen Scheinangriff vorbereiten. Im Schutz des künstlichen Nebels sollen sich zehn Mann mit einer entsprechenden Sprengladung an den Bunker heranarbeiten und, wenn nötig, ihn mit der Besatzung vernichten.«

Der Hauptmann unterbrach seine Rede, als zwei Granaten über uns hinwegheulten und in der Nähe des Knüppeldammes im Morast detonierten.

Dann wandte er sich an Buschmeier: »Suchen Sie unter den Leuten nach Freiwilligen für dieses Unternehmen, oder bestimmen Sie geeignete dazu.«

»Jawohl, Herr Hauptmann!«

Gerwitz grüßte uns und verschwand in der Richtung, aus der er kam.

»So, Leute«, meinte Buschmeier gemütlich, »wer was zu rauchen hat – bitte sehr. Da drüben könnt ihr übrigens den Bunker sehen, von dem Hauptmann Gerwitz eben sprach. Niedliches Bauwerk, was? Nur schade, dass in ihm so böse Menschen wohnen, die keinerlei Spaß verstehen und auch immer gleich schießen.«

Einige begannen zu grinsen.

»Ich führe übrigens den Stoßtrupp an. Falls einer von euch unbezähmbare Lust verspüren sollte mitzukommen, so könnte ich unter Umständen bereit sein, ihn ausnahmsweise mitzunehmen.«

Einundzwanzig Mann meldeten sich freiwillig. Buschmeier schmunzelte und suchte neun aus. Ich war unter ihnen.

»Haut euch aufs Ohr, spielt Skat oder macht sonst was«, sagte er, »um neun Uhr dreißig treffen wir uns wieder hier.«

Ich verbrachte die Zeit bis dahin mit einer der liebsten Beschäftigungen des Landsers: Essen, Trinken und Rauchen. Ich widmete mich dieser Beschäftigung dermaßen intensiv, dass ich tatsächlich beinahe die Zeit verpasst hätte.

Buschmeier bestimmte zwei Mann, die die Sprengladung zu tragen hatten. Wir übrigen waren mit Maschinenpistolen und Eierhandgranaten bewaffnet. Der Unteroffizier erklärte uns seinen Plan.

»Hört zu«, begann er, »es ist ein runder Betonbunker, in dem acht Mann Platz haben. Der Bunker hat eine von innen fest verschließbare Betontür, die der deutschen Front zugekehrt ist. Deshalb ist dieser Betonklotz aber nicht leichter einnehmbar. Er hat nach vier Seiten je eine Schießscharte, und aus jeder ragt der unsympathische Lauf eines Maschinengewehrs hervor. Das ergibt vier tote Schusswinkel. Und an einen oder zwei dieser Winkel müssen wir herankommen, wenn möglich von der Bunkerbesatzung unbemerkt. Dann kommt das Schwierigste. Ein Maschinengewehr muss zum Schweigen gebracht werden. Das geht leider nur von außen, am besten mit Eierhandgranaten. Sie passen nicht in die enge Schießschartenöffnung hinein, sonst hätten wir leichtes Spiel. Sie können aber, und dazu gehört etwas Glück, den Lauf des Maschinengewehrs von außen so beschädigen, dass es ausfällt. Dann muss mit Windeseile an der Schießscharte die Sprengladung und Zündschnur angebracht werden. Ja, und dann können wir nur noch hoffen, dass das Betonding uns den Gefallen tut, auseinanderzufliegen. Hier sind übrigens noch zwei Drahtscheren. Möglich, dass wir sie brauchen. Die Russen haben um ihre Burg nämlich einen netten kleinen Drahtverhau gelegt.«

Er hatte seinen Satz kaum beendet, als aus dem rückwärtigen Gelände Nebelgranaten über uns hinwegzischten. In breiter Front schlugen sie im Niemandsland drüben beim Gegner ein. Das musste beim Feind unbedingt den Eindruck erwecken, als wenn von deutscher Seite eine große Sache in Vorbereitung wäre. Binnen weniger Minuten war das ganze Gelände vor uns in dichte Nebelschwaden gehüllt.

Da gab Buschmeier auch schon das Zeichen zum Aufbruch. Wir verließen den Graben und liefen in aufrechter Haltung in Richtung Bunker. Man konnte keine zwei Meter weit sehen. Der Nebel hüllte unsere Gestalten ein. Wir brauchten keine Sorge zu haben, vom Gegner entdeckt zu werden. Nach etwa zweihundertfünfzig Metern krochen wir trotz Nebels auf allen vieren weiter.

Wie immer, wenn einen nur noch wenige Minuten von einer Aktion trennen, die über Leben und Tod entscheidet, waren Nerven und Sinne bis zum Äußersten angespannt.

Plötzlich stießen wir an einen Drahtverhau. Es musste der sein, den Buschmeier vorhin erwähnt hatte. Der Bunker stand also dicht vor uns, nur sehen konnte man ihn noch nicht. Das war ein Vorteil, denn wenn wir den Bunker nicht erkennen konnten, dann konnten uns die Russen aus dem Bunkerinnern genauso wenig bemerken. Das bedeutete wiederum, dass wir den Verhau in aller Ruhe mit den Drahtscheren bearbeiten durften, ohne befürchten zu müssen, gestört zu werden.

»Feine Sache, solche Nebelwerfer«, raunte mir ein Nachbar zu.

Buschmeier gab dem Mann einen freundschaftlichen Klaps auf den Mund und bedeutete ihm durch Zeichen, zu schweigen.

Das sonst gutmütige Gesicht des Unteroffiziers hatte sich verändert. Seine wachen grauen Augen schienen kleiner geworden zu sein und drückten stählerne Härte aus. Die von Wind und Wetter gegerbte Gesichtshaut spannte sich über die Wangenknochen.

Ich selbst hatte eine Drahtschere in der Hand, lag auf dem Bauch und zerschnitt das Drahtgewirr. Neben mir kniete Bruno Kalesse, Exportkaufmann und Deutschamerikaner. Er war gleich zu Beginn des Krieges über den großen Teich gekommen, um, wie er sagte, beim Endsieg mit dabei sein zu dürfen. Dass Deutschland den Krieg gewinnen würde, davon war er überzeugter als wir anderen.

Er zerschnitt gerade den letzten Stacheldraht, als wir beide gleichzeitig den Bunker fast in Handreichweite vor uns sahen. Dass wir so nahe heran waren, hatte keiner angenommen.

Das wäre kein Anlass gewesen zu erschrecken, aber die Betontür des Bunkers war geöffnet, und in ihr stand ein Sowjetsoldat, die Maschinenpistole im Anschlag. Für den Bruchteil einer Sekunde starrten wir uns überrascht an. Dann handelten wir alle drei. Der Russe konnte aber schneller sein, da er den Finger schon vorher am Abzugsbügel gehabt hatte. Seine Geschossgarbe pfiff über mich hinweg. Kalesse stöhnte auf und fiel in sich zusammen.

Hinter mir ertönten Schreie. Die Kameraden hatten ja in der Dichte des Nebels nicht sehen können, was hier vorn vor sich ging, und um sie zu warnen, fehlte mir die Zeit.

Jetzt allerdings mussten sie selbst wissen, was es geschlagen hatte.

Der Russe war im Begriff, die Betontür hinter sich zuzuschlagen. Das musste verhindert werden. Mit einem Satz war ich hoch und schlug ihm die Drahtschere über den Kopf. Er trug keinen Stahlhelm und sank sofort zu Boden.

In diesem Augenblick durchzuckte mich ein brennender Schmerz von der linken Schläfe aus. Ich fühlte, wie es dunkler und dunkler um mich wurde, wie ich langsam, ohne etwas dagegen unternehmen zu können, in ein dunkles Nichts versank.

Ich weiß nicht, wie lange es gedauert haben mag. Als ich erwachte, lag ich neben einem Russen auf der Schwelle des Bunkers. Dicht über meinen Körper hinweg peitschten Maschinengewehrgarben aus dem Innern des Bunkers ins Freie und von dort aus Maschinenpistolengarben in das Innere des Kampfstandes hinein.

Mit einemmal wurde mir wieder klar, was geschehen war. Aber in meinem Kopf bummerte es, als wenn man dort einen Dampfhammer eingebaut hätte. Doch ich lebte noch. Dieser Gedanke verlieh mir neue Spannkraft. Warum warfen die Kameraden eigentlich keine Handgranaten? überlegte ich. Aus Rücksicht auf mich, dämmerte mir langsam die Antwort. Sie wussten vielleicht, dass ich nur einen Streifschuss erhalten hatte, noch lebte und mit Handgranatenwürfen gefährdet worden wäre. Ich musste also aus der gefährlichen Zone verschwinden. Das war aber schwerer auszuführen als zu wollen. Bei der geringsten Bewegung war damit zu rechnen, von den Russen, die mich bisher für tot hielten, durchsiebt zu werden.

Ich lag mit dem Kopf in Richtung zur Bunkertür, ein Umstand, der es mir leichter machte, mich zurückzuziehen.

Ich holte tief Luft, dann gab ich meinem Körper einen gehörigen Schwung und rollte zur Seite.

Nichts war mir geschehen. Hier im toten Winkel konnten mich keine feindlichen Kugeln erreichen.

Jetzt warfen die Kameraden Handgranaten. Eine Kette von dumpfen Detonationen bewies es mir. Das Maschinengewehrfeuer aus der geöffneten Bunkertür verstummte. Wir drangen mit vorgehaltener Maschinenpistole ein. Zwei verwundete Russen ergaben sich kampflos, den anderen war nicht mehr zu helfen.

Von uns waren drei Mann gefallen, unter ihnen Bruno Kalesse, der Deutschamerikaner, der den Endsieg miterleben wollte.

Die toten Kameraden, verwundeten Sowjetsoldaten und die erbeuteten Maschinengewehre wurden aus der Gefahrenzone gebracht. Dann konnte die Sprengladung angebracht werden. Buschmeier setzte die Zündschnur selbst in Brand.

Wenige Sekunden darauf krachte es ohrenbetäubend. Der Bunker hatte aufgehört zu existieren, unser Auftrag war erfüllt.

Zwei Tage nach diesen Ereignissen ging die Parole von Mund zu Mund: Absetzen. Wer sie aufgebracht hatte, wusste niemand. Auch Buschmeier nicht. Zunächst wurde sie dementiert, aber morgens um 3.30 Uhr erhielten wir den direkten Befehl: »Fertigmachen zum Stellungswechsel!«

»Donnerwetter!«, schimpfte Gerhard Köhnen, ein echter Kölner Junge, los. »Dann haben wir ja vorgestern den Bunker, bei dem drei Kameraden fielen, umsonst in die Luft gesprengt. Was sagst du dazu?«

Ich zuckte nur die Schultern. Jeder packte seine paar Klamotten zusammen und wartete dann, Zigaretten rauchend, auf weitere Befehle. Buschmeier kam angeflitzt.

»Herhören! Die beiden Nachbarkompanien und der größte Teil unserer Kompanie setzen sich jetzt über einen Knüppeldamm nach hinten ab. Der andere Damm ist total zerschossen, also unbrauchbar. Unser Zug bleibt noch hier bis 4.30 Uhr. Er bildet die Nachhut. Verstanden?«

Dumpfes »Jawohl«-Gemurmel war die Antwort. In diesem Augenblick heulte eine Granate heran und schlug in bedrohlicher Nähe ein.

»Hat jemand was abbekommen?«

»Nein. Alles in Ordnung!«

»Haltet Augen und Ohren offen, Leute, seid besonders wachsam, es liegt irgendetwas in der Luft, was mir nicht gefällt. Es ist sogar möglich, dass Sabotage vorliegt, dass der Russe von unserer Absetzbewegung erfahren hat.«

Betroffenes Schweigen trat ein. Daran hatte niemand gedacht.

»Verdammt! Wenn das wahr wäre«, meinte Köhnen nachdenklich, »dann ...«

Er sprach seinen Gedanken nicht aus. Jeder wusste selbst, was uns dann bevorstand. Und, um es vorwegzunehmen, es war Verrat geübt worden, wie sich viel später herausstellte. Keiner von uns ahnte damals, dass die drei Kompanien schon so gut wie erledigt waren, als der erste Soldat noch nicht einmal den Knüppeldamm betreten hatte.

Dieser Knüppeldamm war etwa dreieinhalb Kilometer lang. Geplant war, dass sich die Kompanien im Eilmarsch zurückzogen und wir von der Nachhut auf ein Leuchtzeichen uns erst dann absetzen durften, wenn der letzte Mann festen Boden unter den Füßen haben würde. Das alles sollte gegen 4.30 Uhr sein.

Doch die Dinge entwickelten sich ganz anders. Zunächst geschah nichts Außergewöhnliches. Alles schien dem Plan entsprechend zu klappen. Die russischen Artillerie verminderte sogar ihr Feuer.

Plötzlich stiegen im Westen, an einem Punkt, wo sich nach meiner Berechnung die Spitze der 9. Kompanie befinden musste, drei rote Leuchtkugeln auf.

»Alarmzeichen!«, rief einer. Das war unnötig, denn wir alle hatten sie bemerkt. Fast gleichzeitig war starkes Infanteriefeuer aus der gleichen Richtung zu vernehmen.

»Was sollte das bedeuten?«

Und dann war noch ein anderes beunruhigendes Geräusch zu vernehmen.

»Panzer von vorn!«, riefen mehrere Stimmen durcheinander.

Tatsächlich! Es waren russische T 34, die auf uns zurollten. Aber was sollten wir paar Landser ohne Panzerabwehrkanonen gegen diese Stahlungetüme ausrichten? Es war zwecklos, in dieser Richtung weiterzudenken und bestimmt vorteilhafter, zu überlegen, wie man entkommen konnte.

Das Infanteriefeuer aus westlicher Richtung war verstummt. Es war anzunehmen, dass die Kompanien auf ihrem Rückzug von Partisanen beschossen worden waren, sich aber den Weg freigekämpft hatten.

Wenn es so war, bestand für uns kein Grund, hier länger zu verweilen, obwohl es noch nicht 4.30 Uhr war. Die neue Lage erforderte, dass auch wir uns schleunigst absetzten.

Unteroffizier Buschmeier mochte genauso gedacht haben, denn er befahl: »Laufschritt! Los, zum Knüppeldamm!«

Es war kein Laufschritt, den wir vorlegten, es war vielmehr ein überstürztes Davonlaufen vor den russischen Panzern, die mit hoher Geschwindigkeit fahren mussten, denn das Dröhnen der Motoren und das Rasseln der Ketten wurde von Sekunde zu Sekunde deutlicher.

Schon über ein Kilometer war auf dem Knüppeldamm zurückgelegt worden, als wir auf Kameraden stießen, die von der anderen Seite in großer Eile zurückdrängten. Unteroffizier Hauschwitz war unter ihnen, den ich von früher her kannte.

»Kehrt, Männer! Lauft zurück und besetzt vorerst wieder unsere Stellungen!«, befahl er. »Wir kommen in der anderen Richtung nicht weiter. Partisanen halten das Ende des Knüppeldammes unter Kontrolle. Sie liegen in guter Deckung, und jeder, der sich von uns zu weit vorwagt, wird abgeknallt. Also zurück!«

»Wenn es dir lieber ist, von Panzergranaten zerfetzt zu werden, dann darfst du getrost zuerst versuchen, unsere ehemaligen Stellungen wieder zu besetzen«, erklärte Buschmeier.

»Wieso? – Soll das heißen …?«

»Ja, das soll es heißen. Russische T 34 haben unseren Graben überrollt. Ich wette, dass einer von ihnen am Anfang des Knüppeldammes steht und sich bestimmt freut, wenn sich ihm einer als bewegliches Ziel präsentiert. Unter diesen Umständen genügt ein Panzer allein, eine ganze Division aufzuhalten. Mich wundert nur, dass sie den schnurgerade verlaufenden Damm nicht unter Feuer nehmen. Kaum einer von uns würde der Vernichtung entgehen.«

»Es ist anzunehmen«, entgegnete Hauschwitz, »dass sie

uns gefangen nehmen wollen. Der Russe kann Arbeitskräfte gebrauchen. Es sind immerhin sechshundert Männer, die er hier schnappt. Außerdem ist er interessiert, den Knüppeldamm heil in seine Hände zu bekommen.«

Buschmeier sprach zu uns: »Also in die Falle gegangen, Leute. Glaube zwar, dass es eine abgekartete Sache war, wäre aber wertlos, darüber zu diskutieren. Für uns dürfte der Krieg aus sein!«

Einige räusperten sich, einer lachte verlegen. Den meisten kam diese Wendung wohl etwas zu überraschend. Schließlich waren sie noch gut bewaffnet, konnten sich wehren und glaubten einfach nicht daran, dass es aus sei.

Plötzlich kam Bewegung in die Reihen. Hauptmann Gerwitz tauchte auf in Begleitung seines Adjutanten, Leutnant Müllers.

Buschmeier erstattete Bericht. Die Offiziere hörten schweigend zu. Als der Unteroffizier geendet hatte, sagte Gerwitz nur: »Danke!« Nichts weiter. Aber ich stand neben ihm und sah, dass es in seinem beherrschten Gesicht zuckte. Er tat mir Leid, denn ich konnte nachfühlen, was in ihm vorging.

Unvermittelt sagte er: »Männer, ich frage Sie, will sich einer dem Feind ergeben?«

Ein vielstimmiges »Nein!« erscholl.

»Soldaten, ich danke Ihnen! Obwohl ich selbst noch nicht weiß, wie sich die Lage entwickeln wird, glaube ich doch, noch eine Lösung zu finden.«

Seine Sprache und seine Haltung flößten uns Mut ein. Irgendetwas Zwingendes ging von seiner Person aus. Nach einer kurzen Pause des Überlegens sprach er weiter: »Ich brauche fünfundzwanzig bis dreißig Leute für einen Sondereinsatz. – Leutnant Müller, melden Sie mir Freiwillige!«

Hier zeigte es sich wieder einmal, wie die gemeinsame Gefahr die Menschen zusammenschweißt. Ich sah keinen, der sich nicht freiwillig gemeldet hätte, und hatte Mühe und Not, mit bei den dreißig Mann sein zu können. Buschmeier war auch dabei und Köhnen und viele, die ich nicht kannte.

Hauptmann Gerwitz, sein Adjutant und wir dreißig Freiwilligen marschierten wieder zurück in Richtung der Partisanen. Als wir uns ein Stück von der Truppe entfernt hatten, entwickelte Hauptmann Gerwitz seinen Plan.

Er begann: »Partisanen sind nicht als Truppeneinheit einer Kriegsmacht anzuerkennen. Jede Kriegsmacht tötet den Partisan, der für den Gegner kämpft, sobald sie seiner habhaft wird. Der Partisan führt einen heimtückischen, hinterhältigen Guerillakrieg. Er schont weder Frauen noch Kinder, noch die international anerkannte Einrichtung des Roten Kreuzes. Er verdient den Tod. Wir werden daher versuchen, die Partisanen zu täuschen. Sie sollen glauben, wir würden uns ergeben. Ich werde mit meinem Adjutanten als Erster zu ihnen hinübergehen, vollkommen waffenlos, mit einer weißen Fahne. Mein Adjutant spricht gut russisch; er wird erklären, dass wir uns ergeben wollen. Man wird uns nach Waffen untersuchen und keine finden. Wir schlagen den Partisanen vor, dass unsere Leute in Trupps zu fünfzig Mann herüberkommen, waffenlos und mit erhobenen Händen. Sie werden sich mit dieser großen Zahl nicht einverstanden erklären und eventuell bestimmen, dass nur Trupps zu dreißig, zwanzig oder zehn Mann herüberkommen dürfen. Ich nehme an, dass wir es mit etwa zwanzig Partisanen zu tun haben. Der erste Trupp, der von Ihnen mit erhobenen Händen herüberkommt, hat in seinen Stiefeln eine durchgeladene, gesicherte Nullacht verborgen. Es kommt dann darauf an, dass Sie blitzschnell handeln. Das Glück und Ihre Reaktionsfähigkeit werden entscheiden, ob wir diesen Platz als Freie oder als Kriegsgefangene verlassen.«

Wir hatten alle verstanden. Der Plan war sehr gewagt. Ob er von Erfolg gekrönt werden würde, konnte niemand vorher bestimmen. Es war schon so, wie Hauptmann Gerwitz gesagt hatte: Vom Glück und unserer Reaktionsfähigkeit hing alles ab.

Die beiden Offiziere legten ihre sämtlichen Waffen auf dem Knüppeldamm nieder. Wir folgten ihrem Beispiel, luden aber die »08« durch und steckten sie gesichert in den rechten Stiefelschaft. Dann konstruierten wir aus einem Seitengewehr und einem weißen Taschentuch eine behelfsmäßige Fahne.

»Alles so weit klar?«, fragte Leutnant Müller.

»Jawohl!«, antwortete Buschmeier für uns alle.

»Dann könnte es ja losgehen«, meinte der Adjutant mit einem fragenden Blick auf Hauptmann Gerwitz. Der nickte.

Die Offiziere entfernten sich ein gutes Stück nach vorn. Wir folgten ihnen langsam in einem Abstand von fünfzig Metern. Jeder hing dabei seinen eigenen Gedanken nach. Ob es klappen würde? Es musste versucht werden, und es blieb nichts anderes übrig, als alles auf eine Karte zu setzen.

Dann hörte man Leutnant Müllers Stimme. Er rief in russischer Sprache etwas in die Nacht hinaus. Darauf herrschte etwa eine Minute lang Stille. Ich blickte auf die Armbanduhr und dachte dabei, wie lange doch eine Minute währen kann. Müller rief jetzt wieder, und diesmal wurde von drüben auf Russisch geantwortet. Es entspann sich nun ein Rede-und-Antwort-Spiel, das der Russe mit den beiden Worten »Karascho« und »Dawaii« beendete.

Nun war zu sehen, wie Hauptmann Gerwitz einen Handscheinwerfer einschaltete, sich selbst, seinen Adjutanten und die weiße Fahne damit anstrahlte. So schritten sie auf die Partisanen zu. Wir sahen ihnen mit klopfenden Herzen nach.

Es dauerte dann wieder eine ganze Weile, bis etwas geschah. Zuerst rief uns Müller von weitem zu, er käme jetzt mit einem Partisanen herüber und im Prinzip bleibe alles so, wie vorhin besprochen.

Das gefährliche Theater begann. Müller erschien mit dem Partisan. Es war ein Mann mit einem Tatarengesicht. Er trug zerfetzte Kleidung und schielte uns feindselig an. Wir erhoben, um das Stück hundertprozentig zu spielen, die Hände. Dann untersuchte er mich nach Waffen. Die Partisanen waren also vorsichtig. Sie schickten zunächst einen Mann herüber, eine Art Begutachter der Situation, von dessen Bericht unser Schicksal abhängen würde. Sie wollten keinerlei Risiko eingehen. Diese Möglichkeit hatte Hauptmann Gerwitz nicht in seinen Plan einkalkuliert. Der Partisan suchte sehr genau nach Waffen. Wenn er die »08« fand?!

Er fand sie, riss sie aus meinem Stiefelschaft, erhielt aber von mir gleichzeitig einen Fausthieb auf die Kinnspitze, der ihn sofort umfallen ließ.

»Mann, was haben Sie gemacht?«, fragte Leutnant Müller erregt. »Das ist unser Verderben. Hauptmann Gerwitz und wir alle sind verloren, wenn ich mit dem Partisan und fünfzehn Mann von uns innerhalb von zehn Minuten nicht zurückkehre. Diese Frist haben sie uns diktiert.«

»Was sollte er aber anders machen?«, schaltete sich

Buschmeier ein. »Der Mann hätte bei uns allen die Nullacht im Stiefelschaft gefunden. Wir wären so oder so verloren gewesen.«

Ich nahm dem am Boden liegenden Tataren die Pistole weg. Müller blickte ziemlich ratlos von einem zum anderen.

»Wir haben noch knapp fünf Minuten Zeit!«, stieß er nervös hervor. »Dann schießen sie Hauptmann Gerwitz zusammen. Ob sie mit ihrer Drohung ernst machen, ist eine andere Frage. Es geht aber nicht nur um Hauptmann Gerwitz, sondern außerdem um drei Kompanien.«

Er erzählte uns damit nichts Neues. Ich überlegte angestrengt, wie wir aus dieser hundsgemeinen Falle entwischen könnten. Dann erinnerte ich mich einer Situation, wie ich sie vor Jahren einmal in einem Kriminalfilm gesehen hatte. Und da hatte ich eine Idee, eine feste Vorstellung von dem, was wir zu tun hatten. Sie stand zwar auf sehr schwachen Füßen und war beinahe dem bekannten Strohhalm vergleichbar, nach dem der Ertrinkende greift – was aber versucht man nicht alles, um über Wasser zu bleiben.

Ich setzte Leutnant Müller so kurz wie möglich auseinander, was mir vorschwebte. Das war es:

»Sie erklären dem Partisan, dass wir ihn sofort erschießen, wenn er auf unsere Bedingungen nicht eingehen würde. Wenn er argumentiert, dass unser Offizier von seinen Kameraden dann dasselbe Schicksal erfahre, wird ihm gesagt, dass dieser Offizier gar kein Offizier wäre, dass man ihn nur in eine entsprechende Uniform gesteckt habe, um sie zu bluffen, dass er außerdem ein Deserteur sei, der sowieso erschossen werden müsse. Sie stellen weiter vor, dass ihm und seinen Kameraden von uns nicht ein Haar gekrümmt würde. Er habe nur vor uns fünfzehn Mann herzugehen und so zu tun, als ging alles wie verabredet in Ordnung. Versuche er aber zu fliehen oder die anderen zu warnen, würde er augenblicklich erschossen werden.«

»Es ist tatsächlich das Beste, was aus dieser verdammten Lage herauszuholen ist«, pflichtete Müller bei. »Wollen sehen, dass wir den Mann schnell munter kriegen, die Zeit drängt.«

Im Osten begann es zu tagen. Man hatte schon einige Meter weit Sicht. Mit Sumpfwasser, Wodka und Rütteln brachten wir den Tataren auf die Beine. Er war jetzt vollkommen verdattert und ging auf alles ein, was ihm der Leutnant vortrug. Dann sah er auch, wie jeder von uns eine »08« in die Hand nahm und sie mit verschränkten Armen hinter dem stahlhelmbedeckten Kopf versteckt hielt. Jemand, der uns von vorn sah, musste so annehmen, dass wir vollkommen waffenlos und schicksalsergeben angetrottet kämen.

Dann begann der zweite Akt. Müller gab dem Partisan noch einige Instruktionen. Der Leutnant ging dicht hinter dem Mann. In seiner rechten Hand hielt er eine kleine, schussbereite 7,65-Pistole verborgen. Er schlenkerte aber seine Arme vollkommen harmlos im Rhythmus des Ganges vor und zurück.

Diesmal rollte alles nach Plan ab. Zweiundzwanzig Partisanen waren es, die uns neugierig entgegensahen. Angesichts unserer erhobenen Hände hielt es keiner von ihnen für nötig, die Maschinenpistole in Anschlag zu bringen. Einer besann sich aber im letzten Augenblick und richtete seine automatische Waffe doch auf uns. Es war ein bärtiger, breitschultriger Mann, anscheinend der Anführer, dem man ansah, dass er über ungewöhnliche Körperkräfte verfügen musste. Ich versuchte, in seine Nähe zu kommen. Er ließ es bis auf zwei Meter geschehen.

»Stoi!«, donnerte er mich dann an.

Ich blieb augenblicklich stehen. Dann rief er dem Leutnant etwas zu.

»Sie sollen die Hände herunternehmen«, übersetzte Müller.

Das war das Zeichen zum Losschlagen.

»Ruki werch!«, rief der Leutnant den Russen in ihrer Sprache zu, und gleichzeitig richteten die Kameraden ihre Waffen auf die Überraschten. Der bärtige Anführer stieß einen Fluch aus und wollte schießen. Aber den Bruchteil einer Sekunde zu spät, denn ich reagierte schneller. Ein Schlag mit dem Pistolenknauf streckte ihn zu Boden. Ich riss ihm die Maschinenpistole aus der Hand und richtete sie ebenfalls auf die erst jetzt begreifenden Partisanen. Glücklicherweise war es inzwischen so weit hell geworden, dass man jede Bewegung kontrollieren konnte.

Leutnant Müller sprach mehrere Minuten auf sie ein. Für uns, die wir nur einige unzusammenhängende Wörter verstanden, sah es beinahe wie ein Wunder aus, als die Partisanen ihre Waffen auf einen Haufen warfen.

Wir hielten unser Wort und ließen sie laufen, aber erst, als die Männer der drei Kompanien in Sicherheit waren.

Im Sonnenschein des neuen Tages bewegte sich eine lange Marschkolonne feldgrauer Soldaten nach Westen.

*

Tage und Wochen vergingen. Angriff, Rückzug und Stellungskrieg wechselten. Auf die ersten kühlen Herbstnächte folgten bald Frost und Schnee. Die Kompanien wurden »winterfest« gemacht. Jeder Landser erhielt warme Wäsche, Stiefel, Mantel, Handschuhe, weiße Tarnanzüge. Auch mit der Feldpost kam aus der Heimat wärmende Kleidung aller Art.

Man munkelte von Kriegsende und Sieg, sogar noch vor Weihnachten, von letzter großer Schlacht, von einer bisher noch nicht erlebten Offensive.

Zweimal in den letzten Tagen hatten deutsche Flugzeuge Flugblätter über der russischen Linie abgeworfen, mit der Aufforderung, überzulaufen. Jedes Mal war als Antwort des Gegners ein Feuerüberfall auf unsere Stellungen erfolgt.

In einer frostklirrenden Nacht, das Thermometer zeigte 34 Grad unter Null, hockte ich mit anderen Landsern in einem Erdbunker. Wir schwiegen. Der junge Gefreite Köhnen reichte mir seine Zigarettenpackung herüber. Ich nahm dankend an.

Unvermittelt sagte einer: »Mensch, wir sind ja immer noch nicht krepiert. Wie kommt das bloß?«

»Kannst es wohl nicht abwarten«, brummte Köhnen, »früher oder später kommen wir alle dran.«

In diesem Augenblick kam Feldwebel Meinicke herein.

»Es werden noch sechs Mann gebraucht. Sondereinsatz!«, schnarrte er, »Wer meldet sich freiwillig?«

Sondereinsatz! Also Stoßtrupp oder ein ähnliches Todeskommando. Ich erlebte es erstmals, dass sich keiner freiwillig meldete. Der Feldwebel wartete. Die Männer schwiegen. Klar, jeder hatte die Schnauze voll, und außerdem war es hier drinnen einigermaßen warm, und draußen – vierunddreißig Grad unter Null!

Der Feldwebel spreizte die Beine, stemmte beide Arme in die Hüften. Kasernenhofatmosphäre strömte von ihm aus.

Es klang beinahe drohend. Mir war der Mann nicht sympathisch. Er war erst seit einigen Tagen in unserer Kompanie.

»Also werden sechs Mann bestimmt!«

Als Ersten zeigte er auf mich. »Sie, Sie und Sie – und die drei nach draußen. In einem Grabendreieck warten schon zwölf Mann.«

»Aha! Die anderen ›Freiwilligen‹«, sagte einer von uns laut. Wir traten zu der Gruppe und warteten.

»Achtung!«, erscholl da Feldwebel Meinickes Stimme wie auf dem Exerzierplatz.

Einige nahmen tatsächlich die Hacken zusammen. Bieneck, ein kleiner, gemütlicher Dicker aus Berlin, meinte in unverfälschter Mundart: »Wat soll wer? Ach sooo! Aba, Herr Feldwebel, bei die Kälte ...«

»Ich habe gesagt ›Achtung‹! Reißen Sie sich zusammen, Mensch!« Meinickes Stimme schnappte über.

»Na, det ist vielleicht 'n Dovitz«, brummte Bieneck, vorsichtshalber etwas leiser, um den Herrn Vorgesetzten nicht noch mehr zu reizen.

»Wir haben die Aufgabe ...«, begann Meinicke. Da heulte es heran. Aus dem immer schärfer werdenden Ton erkannte ich in Sekundenbruchteilen, dass die Explosion direkt oder unmittelbar neben uns erfolgen musste. Ein Satz! Mit dem Kopf zuerst landete ich in einem Deckungsloch, im selben Augenblick, da der Einschlag hinter mir ins Erdreich wuchtete, dem Feldwebel direkt vor die Füße.

Blindgänger!

Alle hatten sich hingeworfen, nur der Feldwebel stand noch da, starr vor Schreck. Ich sah es trotz der Dunkelheit. Vielleicht war es sein erstes Fronterlebnis. Er hatte jedenfalls das ganze Drum und Dran eines Etappenhengstes an sich. Die anderen hatten sich wieder erhoben, klopften den Schnee von den Mänteln.

»Na, wat is 'n nu. Feldwebelchen«, maulte Bieneck leise, »soll'n wer hier steh'n, bis Michel tutet oder ...?«

»Hrm! Hrm!«, räusperte sich Meinicke und verzichtete diesmal auf das Achtung, »wir haben also den Auftrag, das Gebiet westlich des Kompaniegefechtsstandes – hrm! – hrm!« Er unterbrach sich und verfolgte etwas argwöhnisch den Einschlag einer Granate etwa fünfzig Meter vor unserem Graben. Seine Stimme war – ich konnte mich nicht irren – bedeutend menschlicher geworden.

» ... also, eh – im Gebiet westlich des Kompaniegefechtsstandes«, sprach er weiter, »häufen sich Partisanenüberfälle. Unsere Gruppe hat den Auftrag, ein bestimmtes Gebiet zu durchkämmen. Verstanden?«

Wir »jawohlten« nach militärischer Dienstvorschrift.

Schon wieder Partisanen! dachte ich. Die Brüder machen einem ja mehr zu schaffen als reguläre russische Truppen.

»Freut euch des Lebens«, sagte Dudlitz. Er fuhr sich mit der behandschuhten Hand übers Gesicht und grinste vielsagend dabei.

»Halb so schlimm«, schwächte Wiesmüller ab, »wird 'n gemütlicher Spaziergang durch die Nacht, wetten?«

Niemand wollte wetten. Jeder hoffte nur insgeheim, dass Wiesmüller Recht behielt.

In fast schnurgerader, westlicher Richtung ging es zunächst zurück, auf und ab, durch alte, schneeverwehte Trichter und durch neue, in denen manchmal noch der Pulverdampf eines frischen Einschlages am Boden hing.

Die russische Artillerie verlegte ihr Feuer weiter nach Westen, wo sie unsere Batterie vermutete. Prompt antworteten unsere Kanoniere, und wie ich am Donner der Abschüsse wahrnehmen konnte, waren es schwere Koffer, die hoch über unsere Köpfe hinwegrauschten und beim Russen niedergingen.

Wenn das nur gut ging mit diesem Feldwebel als Anführer unserer Gruppe, überlegte ich. Dass es sich bei ihm um einen Mann handelte, der noch sehr wenig oder gar keine Fronterfahrung hatte, stand für mich bereits fest.

An vielen Kleinigkeiten erkennt der fronterfahrere Landser, ob er es mit einem Frontneuling oder mit einem »alten Hasen« zu tun hat. Ich beschloss daher, bei diesem »Anfänger« doppelt wachsam zu sein. Wie sich später herausstellte, sollte diese Maßnahme nicht nur für mich, sondern für die ganze Gruppe lebensrettend sein.

Allmählich gelangten wir in den Bereich des Kompaniegefechtsstandes.

»Halt! Parole!«, kam der Anruf des Postens aus einem gut getarnten Panzerdeckungsloch.

»Hannover!«, antwortete Meinicke.

Anschließend setzten wir den nächtlichen Schweigemarsch fort. Westlich des Kompaniegefechtsstandes wurde uns von wachsamen Posten noch zweimal die Parole abverlangt. Beim letzten Halt erklärte Meinicke die Lage.

»Links von hier, etwa zweihundert Meter entfernt, verläuft eine alte Rollbahn, die nicht mehr benutzt wird. Sie führt durch einen ausgedehnten Mischwald. In diesem Gelände werden Partisanenverbände vermutet. Wir werden den Wald durchkämmen. Schützenlinie, Abstand von Mann zu Mann zehn Meter! Noch Fragen?«

Wir schwiegen. Einige Granaten heulten über uns hinweg.

»Also keine Fragen mehr – Achtung!«

Da war er wieder, der Kasernenhofton. Dieser Feldwebel nahm es entschieden zu genau.

»Sind wir an der Front oder auf einem Truppenübungsplatz?«, sagte Ritschel lauter, als er es wohl beabsichtigt hatte.

Meinicke schnappte nach Luft.

»Kerl, wohl total verrückt geworden, was? Typischer Fall von Gehorsamsverweigerung. Ich lass Sie einsperren, sofort, wenn es sein muss, die ganze Gruppe!«

Das war auch mir zu viel. Ich zitterte vor Wut, hatte eine harte Bemerkung bereit, schluckte sie aber dann hinunter. Dir werden sie die Hammelbeine schon lang ziehen, du Angeber! dachte ich.

Bieneck konnte es sich aber nicht verkneifen, wenigstens noch ein tadelndes »Junge, Junge, is denn so was drin« zu brummen.

Wir marschierten los. Die Rollbahn wurde ohne besondere Vorkommnisse erreicht. Fahler Mondschein lag über der Landschaft, und auch im Wald, in dem wir uns jetzt in Schützenkette vorwärtsbewegten, war die Sicht ganz gut. Ich bemerkte Spuren im Schnee, die von kleineren Waldtieren herrühren mussten. Von weither erklang der klagende Ruf eines Nachtvogels.

Seltsam! Dieses Stück Erde war vom Krieg verschont geblieben. Keine Granattrichter, keine entwurzelten Bäume, keine verbrannten Sträucher. Soeben hatten wir eine kleine Bodensenke durchschritten und waren im Begriff, die leichte Erhebung auf der anderen Seite emporzusteigen.

Da war es mir, als wenn weit hinten zwischen den hohen Bäumen im Mondschein etwas metallisch geglitzert hätte. Gleich darauf hörten wir es alle: erregte Männerstimmen, russische Worte.

Das mussten sie sein! Partisanen! ging es mir durch den Kopf. Jeder von uns war sofort in Deckung gegangen. Atemlose Spannung. Sekunden verstrichen. Die Stimmen kamen näher, immer näher, wurden jetzt aber gedämpft, leiser, verstummten ganz. Hatten sie uns entdeckt? – Nein! Unmöglich! Wir lagen in guter Deckung. Also abwarten, das war das Beste.

Aber da geschah etwas Unvorhergesehenes, womit keiner gerechnet hatte.

»Sprung auf – marsch, maaarrsch!«, schrie plötzlich Feldwebel Meinicke. Er sprang auf, stürzte vorwärts; genauer gesagt: Er machte nur einen Schritt, dann lag er wieder auf dem Bauch. Ich hatte aufgepasst und ihm die Beine weggerissen. Er fiel keine Sekunde zu früh in den Schnee. Da pfiffen uns auch schon MPi-Geschosse um die Ohren.

»Idiot, verdammter!«, entfuhr es mir.

Gott sei Dank war keiner der Kameraden dem völlig blödsinnigen Befehl dieses Etappenhengstes gefolgt. Als fronterfahrene Landser hatten wir die Lage richtig eingeschätzt und waren in Deckung geblieben.

Hinter schneebedecktem Buschwerk trat jetzt, in weiße Schneemäntel gehüllt, ein gutes Dutzend schwer bewaffneter Männer hervor. Wahrscheinlich glaubten sie, es mit nur wenigen Germanskis zu tun zu haben.

»Rucki werch!«, forderten sie und blickten auf die Stelle, wo Meinicke und ich lagen.

Sie kamen nicht mehr dazu, festzustellen, dass es doch mehr Deutsche waren, denn die plötzliche MPi-Salve der Kameraden mähte sie nieder. Wir zählten fünfzehn Partisanen.

Feldwebel Meinicke schien zu merken, welchen Fehler er begangen hatte. Er nahm den Stahlhelm ab und wischte sich mit einem Taschentuch den Schweiß von der hohen Stirn, über der die Haare akkurat in der Mitte gescheitelt waren.

Wie konnte es nur geschehen, einen solchen unerfahrenen Mann an die Spitze eines dermaßen gefährlichen Unternehmens zu setzen? Hätten wir seinem Befehl Folge geleistet und wären wir vorwärtsgestürmt, lägen an Stelle der Partisanen jetzt erschossene deutsche Landser im Schnee.

Unschlüssig standen wir herum und warteten auf weitere Befehle. Da tat er etwas, was ich ihm nicht zugetraut hätte. Er trat auf mich zu und reichte mir die Hand.

»Hrm – ich möchte – hrm, bei Ihnen – hrm gewissermaßen – na ja, Sie wissen schon – bedanken!«

Nun war es heraus. Sicher hatte er bei dieser Rede ganz schön geschwitzt. Aber wir alle sahen und fühlten, dass die letzten Minuten diesen Mann schon etwas umgekrempelt hatten.

Wir ließen die gefallenen Partisanen zunächst liegen und folgten der Richtung, aus der sie gekommen waren. Es ging schnell voran, denn die Spuren im mondbeschienenen Schnee waren deutlich zu erkennen. Nach zwei Kilometern bog die Spur hinter einem Tannenwäldchen scharf rechts ab. Da blieben wir verdutzt stehen. Die Fährte endete gewissermaßen im Nichts. Vor uns, auf einer kleinen Lichtung, lag unberührter Schnee.

»Die können sich doch wohl nicht in Luft aufgelöst haben«, meinte Köhnen, verständnislos mit dem Kopf schüttelnd.

»Vielleicht sind sie hier auf der Lichtung mit einem Hubschrauber gelandet«, gab Grimm zu bedenken.

Dudlitz mischte sich ein.

»Verzapft doch keinen Quatsch, ihr Holzköpfe! Hier,

hier müsst ihr suchen!« Er stocherte mit seinem Seitengewehr im Schnee herum. »Irgendwo muss hier ein Eingang sein zu einem Stollen oder zu einem Keller. Ist doch klar.«

Unbeirrt von Einwänden stocherte er weiter, und da – wir glaubten unseren Augen nicht zu trauen, öffnete sich direkt vor uns die Erde. Ein rechteckiges Loch wurde sichtbar, eine Leiter führte in einen dunklen Schacht hinunter.

Dudlitz hatte Recht behalten. Es war ihm gelungen, eine mit Schnee bedeckte, waagrecht liegende Tür zu finden, die auf gut geölten Rollen in zwei Schienen lautlos zurückglitt.

Äußerst behutsam stiegen Bieneck und ich die Leiter hinab. Da waren die dunklen Umrisse einer Tür. Bieneck nickte mir stumm zu. Vorsichtig legte er die Hand auf die Klinke. Es entstand ein leises Knarren. Wir verharrten einen Augenblick, in der Rechten hielt jeder die entsicherte Nullacht. Nichts geschah.

»Vorwärts!«, raunte Bieneck.

Wir tasteten uns in das Dunkel hinein. Da! Eine zweite Tür wurde von innen aufgerissen. Vor uns, im trüben Licht einer Petroleumlaterne, stand – eine junge Frau. Entsetzt hob sie die Hände.

»Germanski …!«, stammelte sie.

Unversehens und gewandt wie eine Katze sprang sie zurück in den Raum, griff nach einer Pistole, die auf der rohen Holzbank lag. Aber Bieneck stand schon neben ihr. Er schlug kurz zu, die Waffe fiel zu Boden.

Die Frau kreischte auf, duckte sich, sprang mit zwei Sätzen an mir vorbei, wurde aber draußen von den Kameraden festgehalten.

»Hast du Worte?«, rief einer. »Ein Mädchen!«

Man trieb die Partisanin in den Raum zurück. Feldwebel

Meinicke, der einigermaßen russisch sprach, stellte ein kurzes Verhör an. Die Frau kniff die Augen zusammen. Feindselig, die grauen Augen voller Hass, starrte sie Meinicke an. Sie war höchstens fünfundzwanzig Jahre alt und hatte ein derbes, kantiges Gesicht. Eine braune, viel zu weite wattierte Jacke hüllte ihre kräftige Gestalt ein. Die Beine steckten in hohen Pelzstiefeln.

»Verdammt, die sagt kein Wort«, stellte der Feldwebel fest. Dann versuchte er es noch einmal. Die Partisanin beugte sich leicht vor.

Jetzt! dachten wir und waren schon gespannt, was Meinicke aus ihr herausbringen würde. Aber da geschah es! Sie spuckte dem Feldwebel mitten ins Gesicht, dann sprudelte sie noch ein paar Worte heraus und warf den Kopf triumphierend zurück. Verblüfft starrten wir auf die Szene.

»Volltreffer!«, kommentierte Bieneck schadenfroh. Wir anderen verbissen uns mühsam das Lachen und warteten neugierig ab, was nun kommen würde. Meinicke war zunächst völlig verdattert, dann nahm sein Gesicht eine bläuliche Färbung an.

»Das ist doch – das ist doch – unglaublich!«, machte er sich Luft, und für einen Augenblick dachten wir, er würde jetzt seine gute Kinderstube vergessen und der Frau eine langen, aber er beherrschte sich. Er zerrte hastig sein Taschentuch hervor, um die Spuren dieser ungewöhnlichen Attacke zu beseitigen.

»Nee, also det war nun wirklich nich die feinste Art von det Meechen!« Es war wieder Bieneck, der seinen Senf dazugeben musste.

Nach einigen Verlegenheitshustern beruhigte sich Meinicke wieder, dann meinte er nachdenklich: »Durchsuchen wir diesen Fuchsbau nach Waffen und Munition.«

Wir suchten und fanden ein ganzes Arsenal von Waffen und Munition aller Art, deutscher und russischer Herkunft: Karabiner, Minen, Maschinengewehre, Pistolen, Seitengewehre, Maschinenpistolen, Handgranaten, Leuchtkugeln und sogar eine deutsche Pak.

Wiesmüller steckte sich eine Zigarette an und grinste vergnügt.

»'n guter Fang, was?«

»Kavaliere waren det ja nich jerade, diese Herren Partisanen«, meinte Bieneck gemütlich. »Lassen die doch die nette junge Frau janz alleene hier mitten im Wald in dem ollen Loch sitzen. Na, is denn so wat drinne!«

Wir traten den Rückmarsch an. Die Partisanin wurde in die Mitte genommen. An dem Tannendickicht plötzlich ein scharfer Anruf: »Halt! Parole!«

»Hannover!«, antworteten mehrere von unserer Gruppe zugleich.

Wir trafen mit einem zehn Mann starken Spähtrupp der Nachbarkompanie zusammen. Die Leute staunten nicht wenig über unsere Gefangene und über das, was wir berichteten.

Nach einer guten halben Stunde langten wir am Kompaniegefechtsstand an. Oberleutnant Saeger trat aus einem der Unterstände und wurde von Meinicke über das Erlebte unterrichtet.

»Männer, gut gemacht!«, wurden wir von dem Offizier kurz und markig gelobt. An seinen Adjutanten, einen jungen Fähnrich, gab er den Befehl: »Sofortige Meldung an Bataillonsstab! – Waffenlager und Waffen der gefallenen Partisanen umgehend sichern! – Die Frau zum Verhör in Bunker B! Verstanden?«

» ... woll, Herr Oberleutnant!«

Zwanzig Minuten später saßen wir wieder in unserem Erdbunker, müde, zerschlagen.

Dem Feldwebel schien unser Haufen nicht recht geheuer zu sein, denn er glänzte durch Abwesenheit.

*

Es war ein paar Tage vor Weihnachten. Ich hatte Wache zu schieben. Nur ungern verließ ich den warmen Erdbunker und beneidete die Kameraden ein bisschen, die bei einem selbst gebastelten Adventskranz und einem Kerzenstumpf auf ihre Weise feierten. Sie wärmten sich von innen mit erbeutetem Wodka und waren guter Dinge.

Ich trat hinaus in den Graben, um Köhnen abzulösen. In der Dunkelheit und dem Schneesturm, der einem die Eiskristalle in die Augen trieb, war das Deckungsloch, in dem der Kamerad stand, kaum auszumachen.

»Na endlich!«, murrte Köhnen, nachdem er mir die Parole abverlangt hatte. »Und angenehmen Erfrierungstod!«

Ich nickte ihm zu, sagte: »Sauf dich tot, mein Junge!« und trat an seine Stelle.

Erbarmungslos heulte der Sturm. Die Augen schmerzten, die Kälte kroch in die Kleidung. Ich trat von einem Bein auf das andere und schlug die Hände zusammen. Ein Blick auf die Armbanduhr.

Verdammt! Erst eine halbe Stunde vorbei – noch neunzig lange Minuten! – Durchhalten! befahl ich mir und zwang meine Gedanken in eine ganz bestimmte Richtung: Richtung Heimat! Weihnachten! Es war eine schmerzhafte Ablenkung, aber immer – die Zeit verging schneller dabei. Das bildete man sich jedenfalls ein. Gestern hatte der kleine Schuhmann einen Brief bekommen von seinen Eltern. Einen Weihnachtsbrief! Mit schiefem Grinsen hatte Schuhmann mir ein paar markante Stellen daraus vorgelesen: » … und deshalb musst auch Du eisern durchhalten, mein lieber Junge! Wir in der Heimat wissen alle, dass unsere tapfere Wehrmacht entschlossen ist, unser Vaterland zu verteidigen bis zum letzten Blutstropfen.« – Das hatte die Mutter geschrieben, und der Vater, der im Ersten Weltkrieg leicht verwundet worden und mit einigen Meriten heimgekehrt war, hatte noch hinzugefügt: »Soldat sein ist kein Zuckerlecken – das weiß ich am besten, denn auch ich habe mal in dem gleichen Dreck gelegen wie Du …« Am Schluss dieses schönen Briefes hatte noch etwas gestanden von einem Schwein, das gestern geschlachtet worden war und von selbst gebackenen Pfefferkuchen, die schon in einem Päckchen auf dem Weg an die Front seien.

Tja, so etwas gab es noch! Schuhmanns Eltern lebten in einem Dorf im hintersten Winkel von Niederbayern. Dort war der Vater Ortsgruppenleiter.

Ich sollte nicht weit kommen mit meinen Betrachtungen, denn plötzlich fuhr ich herum. Zur Rechten stach eine Leuchtkugel in die Sturmnacht. War da im Niemandsland nicht Bewegung? Die Augen brannten, schmerzten, versagten fast den Dienst. Robbende Gestalten? – Nein! – Doch? Ach, du siehst Gespenster, beruhigte ich mich. Na, sicher ist sicher! sagte ich mir dann aber doch und griff zur Leuchtpistole. – Abschuss und Tageshelle! – Nein, es war wirklich nichts. Verfluchter Sturm! Verfluchter Schnee! Verfluchte Kälte! Ich schüttelte mich und gähnte.

Dem Russen war allerdings alles zuzutrauen, auch bei diesem Sausturm. Andererseits waren es auch nur Menschen. Sicher tranken sie jetzt trüben Wodka und sangen Kosakenlieder.

Wodka! Natürlich! Ich nahm einen Schluck aus einer kleinen Flasche, die ich mitgenommen hatte, und zündete mir eine Zigarette an.

In diesem Augenblick blaffte dumpf ein Schuss auf – eine MG-Garbe folgte – Maschinenpistolen bellten – gleichzeitig gingen Leuchtkugeln hoch – weiße – rote – Alarm!

»Urrähh! Urrähh!«, ertönte plötzlich vielfaches Kampfgeschrei. Eine halbe Sekunde genügte, dann hatte ich sie im Visier: mindestens hundert Rotarmisten in weißen Tarnanzügen. Ein Stoßtrupp! In zwei Stoßkeilen stürmten sie. Die ersten waren schon auf wenige Meter heran. Im Feuer meines Maschinengewehrs sah ich Gestalten zusammenbrechen.

Zum Teufel, wie war das möglich? schoss es mir durch den Kopf. Von uns Posten unbemerkt, mussten sie sich mehrere Wege durch den Drahtverhau geschnitten haben.

Schon krachten ihre Handgranaten in unserem Graben. Drei Einschläge hinter mir, aber mein Deckungsloch schützte mich vor den Splittern. Trotzdem zog ich den Kopf ein.

Endlich die Rufe der Kameraden, die jetzt aus den Erdbunkern stürzten. Plötzlich lebte die Front. Die Kälte war vergessen. Verteidiger und Angreifer wollten nur eins: das Leben des Gegners!

»Einbruch abriegeln!« Das war die ruhige Stimme von Unteroffizier Buschmeier, der die Lage sofort überblickte.

Der Russe ist also schon eingebrochen, überlegte ich. In den Grabenwindungen rechts von mir tobte Nahkampf. Russische Flüche. – Jetzt ein gellender Schrei. Unverkennbar ein Todesschrei!

Ich bleibe am Maschinengewehr. Das Niemandsland durfte nicht aus den Augen gelassen werden. War das erst ein Vortrupp? Kamen noch mehr? Ich schoss eine weiße Leuchtkugel ab, noch eine und noch eine. An der ganzen Front stiegen weiße Leuchtkugeln hoch, aber vor dem Graben blieb es ruhig.

Nach etwa fünf Minuten ebbte der Kampflärm ab. Rechts ratterten plötzlich zwei Maschinengewehre. Im kalten Schein von Leuchtkugeln suchten fliehende Russen zu entkommen, aber die Schützen an den MG gaben ihnen keine Chance.

Als ich nach einer halben Stunde abgelöst wurde, erfuhr ich im Bunker, dass es auf unserer Seite wie durch ein Wunder nur vier Leichtverwundete gegeben hatte.

»Glück gehabt, hätte anders ausgehen können«, meinte Bieneck. Er setzte seine kurze Pfeife in Brand und deutete damit auf eine Gestalt in offener Tarnjacke, die sich scheu in eine Ecke drückte.

»Den schon gesehen?«

Ich schüttelte den Kopf.

»Ist der einzige Gefangene, den wir gemacht haben.«

Ich betrachtete mir den Mann genauer. Das war noch ein halbes Kind. Sechzehn Jahre vielleicht. Rundes, rosiges Gesicht, blaue Augen, blondes, geschorenes Haar.

»Einer muss ihn zurückbringen, zum Kompaniegefechtsstand«, sagte Buschmeier. »Aber so eilt es auch wieder nicht. Morgen früh, die Kaffeeholer, die können ihn mitnehmen.«

Sah ich richtig? Der junge Gefangene zitterte. Vor Kälte? Nein, es war Angst. Angst vor uns, vor den Germanskis? Wer weiß, welche Erfahrungen er bisher mit den Deutschen gemacht hatte.

In der Ecke am Kanonenofen kauerte Sablotzki, der Mann aus dem oberschlesischen Kohlenpott. Wie immer war er damit beschäftigt, große Mengen Alkohol zu tanken. Ich gab ihm einen Wink. Er verstand sofort.

»Pjerunje, komm doch her, Iwan, und sauf einen mit mir!«

Er stand auf und hielt dem Russen einen Becher Wodka unter die Nase. Der zögerte, wich zurück. Verstand er doch nicht, was Sablotzki meinte.

Der Oberschlesier ließ nicht locker.

»Sauf, pjerunje, sag ich dir! Wer weiß, ob du morgen noch lebst.«

Aller Blicke richteten sich gespannt auf den Russen.

Da brach der Bann.

»Spassibo, Pan!«, bedankte er sich und trank den Becher aus.

Buschmeier knöpfte ihn sich nun vor, versuchte etwas herauszubekommen über Stärke und Bewaffnung des Gegners. Seine Sprachkenntnisse waren aber zu gering; es kam nichts dabei heraus.

Bei allen meinen Einsätzen als Soldat auf den östlichen und westlichen Kriegsschauplätzen habe ich immer wieder feststellen können, dass der Krieg mit seinen vielfältigen Eindrücken bei Freund und Feind manchmal auch wahres Menschentum hervorbringt. Eine Bestätigung dafür sollte ich in dieser Nacht erleben.

Wir alle hatten etwas Trinkbares bei uns, Buschmeier zauberte sogar vier Flaschen Rotwein herbei. Die Kerze auf dem Adventskranz brannte wieder, und Sablotzki spielte auf seiner Mundharmonika. Es klang etwas traurig, eine wehmütige Stimmung kam auf. Auf einmal erklangen aus rauen Kehlen deutsche Weihnachtslieder.

Da saßen wir nun, manche hatten den Stahlhelm noch auf, ein kleiner Haufen Feldgrauer, in einem Erdloch, in einem fremden Land. Ich glaube, in diesem Augenblick hatte ein jeder von uns mehr oder weniger starkes Heimweh.

Auf einmal, als wir alle schwiegen, geschah es: Der junge Russe begann zu singen, erst zögernd, leise, mit geschlossenen Augen, sich langsam steigernd. Doch dann brach es aus ihm hervor. Er sang und sang, mit einem Tenor, wie ich ihn nie wieder in meinem Leben gehört habe. Das ganze Kerlchen bebte. Dann brach der Gesang ab; unversehens, mit einem Schluchzen und einigen russischen Sätzen, aus denen die Wörter »Mama« und »Papa« zu verstehen waren.

Ich stand auf und ging hinaus in den Schneesturm. Das war einfach zu viel für mich. Nach einer Weile kam Buschmeier heraus, gefolgt von dem Russen.

»Möller«, sagte er zu mir, »bring ihn zum Kompaniegefechtsstand, am besten sofort.«

Er sah mich dabei recht eigenartig an, dann ging er zurück zu den anderen. Ich hatte verstanden.

»Komm!«, sagte ich zu dem Jungen. Ich führte ihn durch die Grabenwindungen. Grimm, der auf Posten stand, wunderte sich über den Besuch. Ich erklärte ihm, er habe sich sofort bei Unteroffizier Buschmeier zu melden.

Als er weg war, schlug ich dem Jungen leicht auf die Schulter. Er sah mich aus großen Kinderaugen verwirrt an. Ich deutete auf die Gasse im Drahtverhau und auf die russische Linie.

»Dawai«, sagte ich, »nun los, hau schon ab! Dawai! Dawai!«

Der junge Russe runzelte ungläubig die Stirn. Entweder er hatte nicht verstanden, oder es wollte nicht in seinen

Kopf, dass seine Gefangenschaft ein so plötzliches und völlig unerwartetes Ende finden sollte.

»Mensch, Junge, du sollst abhauen, du sollst ...« Vergebens suchte ich in meinem Gehirnkasten nach einer passenden russischen Vokabel. Es fiel mir aber immer nur der Universalausdruck »Dawai« ein.

»Weg – weg! Du nach Hause – dawai!« Wild fuchtelte ich mit den Händen herum. Endlich kapierte er.

Für einen Sekundenbruchteil sah ich noch das kindlich-glückliche Pausbackengesicht und hörte ein paar hastig hervorgestoßene Worte. Nur eins davon verstand ich: »Spassibo (Danke)!«

Dann machte der Junge auf dem Absatz kehrt und stolperte, wie von Furien gehetzt, davon. Vielleicht hatte er gefürchtet, dass ich es mir noch anders überlegen könnte.

Ich sah ihm nach, wie er in seiner weißen Tarnkleidung in der Nacht verschwand.

»Weihnachten!«

»Heiliger Abend im Dreckloch!«, war Sablotzkis treffendere Formulierung.

»Mann, lasst doch«, meinte Wiesmüller verweisend, »was wollt ihr denn eigentlich? Dreckloch hin, Dreckloch her! In meinem Weihnachtspäckchen sind Wachskerzen, die hat mir meine Schwester mit reingelegt und ...«

» ... und den dazu passenden Weihnachtsbaum schickt sie zu Ostern, was?«, fuhr Bieneck giftig dazwischen.

Er war einer von denen, die kein Feldpostpäckchen aus der Heimat bekommen hatten. Aus Kummer darüber hatte er sich einen angezwitschert. Wiesmüller ließ sich nicht beirren.

»Zu saufen haben wir auch. Hast du gehört, Sablotzki?«

Der nickte nur abwesend. Er, der sonst von der Aussicht auf einen kräftigen Schluck förmlich elektrisiert wurde, war diesmal nicht bei der Sache. Er hatte in seinem Päckchen eine neue Mundharmonika gefunden, und die betrachtete er jetzt – stolz und strahlend wie ein kleiner Junge seine Eisenbahn.

»Hier! Pjerunje, hab' ich mir gewünscht – ist echte Hohner!«

Er hielt das gute Stück mit Beifall heischender Miene hoch, aber niemand schien sich besonders dafür zu interessieren. Jeder war mit sich selbst beschäftigt. Köhnen fummelte mit Stanniolpapier und Schere herum. Er schnitt Lametta.

»Willst du dir das Gebamsel als Orden um den Hals hängen?«, versuchte ich ihn aufzuheitern.

Er winkte ab. »Lass man. Wir kriegen schon einen Weihnachtsbaum. Buschmeier will einen organisieren, hat er gesagt. Wenn wir keinen kriegen, dann dekorieren wir den Adventskranz neu, Wiesmüllers Kerzen drauf, und schon feiern wir.« Die letzten Worte wurden von einer vielsagenden Grimasse begleitet.

»Feiern?«

Das war wieder der heute recht angriffslustige Bieneck. »Na, dann feiert man, wenn euch danach zumute ist, ihr blöden Säcke. Ich werde euch sagen, was das für eine Feier wird: Kugeln vom Iwan! Und Braten gibt's auch – wenn sie uns alle den Hintern versengt haben!«

Mit Bieneck war heute wirklich nichts anzufangen. Sablotzki klopfte ihm auf den Rücken.

»Nu, pjerunje, wirst du schon wieder friedlich. Verteilen

wir Päckchen nachher und kriegen alle was, wo keiner hat selber geschickt bekommen.«

»Außerdem«, mischte ich mich ein, »wird's heute nichts mit dem Hinternversengen. Du hörst, alles ist ruhig. Der Iwan feiert auch Weihnachten.«

»Dass ich nicht hohnvoll kichere«, meldete sich Wiesmüller. »Die und Weihnachten feiern!«

»Na klar, die feiern Weihnachten«, gab mir Köhnen Recht. »Oder wenigstens so was Ähnliches. ›Väterchen Frost‹, glaube ich, aber ist ja egal, wie sie es nennen. Jedenfalls feiern sie.«

Sablotzki nickte verschmitzt.

»Nu klar, Mensch, feiert der Iwan Fest.«

»Na, seht ihr?«, triumphierte Köhnen.

»Ja, aber nicht heute, pjerunje. Die feiern Sonnenwendfest am einundzwanzigsten Dezember.«

Es wurde immer später, und kein Buschmeier erschien mit dem versprochenen Weihnachtsbaum. Obwohl Sablotzki auf seiner neuen Hohner so ergreifend und hingebungsvoll wie möglich »O du fröhliche« spielte, kam keine Stimmung auf.

Bieneck war nun endgültig blau. Er greinte vor sich hin wie ein eigensinniges Kind, dann wieder brabbelte er etwas, aber zu verstehen war nur: » … alles zum Kotzen – elender Mist!«

Elender Mist! dachte auch ich und ließ meine Blicke durch den niedrigen, von Wiesmüllers Kerzen schwach erhellten Bunker gleiten. Er hatte die Lichter nun endgültig am Adventskranz befestigt. Köhnen hatte noch aus Stanniol einen kunstvollen Stern gebastelt. Sablotzki knackte eine Hand voll Walnüsse und versuchte, den wehleidig-besoffenen Bieneck damit zu trösten.

Der stopfte die Nüsse hinein und fing wieder an: »Werden uns schon den Hintern versengen.«

Diese Formulierung schien ihm zu gefallen, denn er wiederholte sie mehrmals mit Genuss, wie es mir schien. Gerade wollte ich ihm einige Freundlichkeiten sagen, als endlich Buschmeier wieder auftauchte. Er hatte tatsächlich einen kleinen Tannenbaum unterm Arm.

»Na, was sagt ihr zu dem Prachtexemplar?«, wollte er wissen.

»Na, ja«, meinte Köhnen befriedigt, »ist wenigstens ein Baum, wenn auch 'n bisschen mickrig.«

Dann machten wir uns daran, den Baum zu putzen. Während dieser friedvollen Tätigkeit kam allmählich so etwas wie weihnachtliche Stimmung auf. Sablotzki sorgte wieder für musikalische Untermalung, die Russen drüben verhielten sich noch immer ruhig, und somit hätte es eigentlich ein gelungener »Heiliger Abend« werden können – den Umständen entsprechend.

Aber da war etwas, was mich im Unterbewusstsein störte. Mit dreien von uns stimmte heute irgendetwas nicht. Es waren Grimm, der Dresdner Student, und die beiden Bergleute aus Gelsenkirchen, Krohne und Zeunert. Sonst alle drei prima Jungs. Sie hielten zusammen wie die Kletten, was ihnen schon die originellsten Spitznamen eingebracht hatte, aber das ertrugen sie mit Gelassenheit. Es waren drei Kameraden, mit denen man gut zurechtkam. Heute benahmen sie sich wie die reinsten Außenseiter. Krohne antwortete kaum, wenn ihn jemand ansprach, und wenn, dann so kurz angebunden, als hätte man ihn schwer beleidigt. Grimm gab sich keine Mühe, seinen sächsischen Tonfall zu mildern, obwohl er es sonst eifrig versuchte. Es war bei ihm immer ein Zeichen von innerer Erregung, wenn er seinen unverfälschten Dialekt gebrauchte. Zeunert, der lebhafteste und aufgeschlossenste von den dreien, brütete finster vor sich hin.

Na schön, dachte ich, zum ersten Mal Weihnachten fern der Heimat und dann vielleicht auch noch unangenehme Nachrichten von zu Hause. Das geht eben an die Nieren. Aber alle drei? Einer steckt eben den andern an.

Ich wusste, dass ich mir damit selbst nur eine fadenscheinige Erklärung gegeben hatte, aber ich dachte nicht länger darüber nach, denn wir bekamen Besuch. Der junge Leutnant Müller vom Kompaniegefechtsstand kreuzte auf.

»Der wird jetzt 'ne schöne Rede halten«, raunte mir Wiesmüller zu. Ich wusste es selbst, das war nicht neu für mich.

Der Leutnant sprach abwechselnd zackig und wieder salbungsvoll. Ich hörte kaum hin, stellte aber fest, dass er dabei ins Schwitzen kam. »Krieg bald zu Ende – Endsieg – Heimat – durchhalten – Vaterland – verteidigen ...!«

» ... doch noch Hintern versengen!«, lallte Bieneck dazwischen. Der Leutnant hatte es nicht gehört oder nicht hören wollen, er betete unbeirrt seinen Psalm herunter.

Ich beobachtete die Gesichter der Kameraden. Mit höhnischen, fast überlegenem Lächeln hörte Grimm zu. Zeunert sah mit verkniffener Miene zu Boden. Krohnes Blick irrte unstet im Raum umher. Leutnant Müller war endlich fertig und verabschiedete sich mit ein paar gedrechselten Weihnachtswunschphrasen.

»War det der Weihnachtsmann«, wollte Bieneck wissen, der plötzlich wieder wach geworden war.

»Du bist 'n Weihnachtsmann«, schimpfte Köhnen, »mit deinem ewigen – werden uns doch den A ...«

»Habe ich nie gesagt!«, behauptete Bieneck. »Habe immer nur ›Hintern‹ gesagt, und den versengen sie uns noch«, fügte er eigensinnig hinzu.

Grimm stand auf. Er hatte jetzt Wachablösung. Am Ausgang des Bunkers sah er sich noch einmal um. Ich hatte das Gefühl, als suche er die Blicke seiner beiden Kumpels Krohne und Zeunert. Aber ich konnte mich auch getäuscht haben, denn er sah gleich darauf harmlos in die Runde und sagte etwas von nicht alles allein aussaufen und ihm noch etwas übrig lassen für nachher.

Krohne saß da und kritzelte einen Brief nach Hause, dachte ich. Der von Grimm abgelöste Posten kam zurück.

Ein paar Minuten später stand Zeunert auf, reckte sich und gähnte.

»Mann, hier drin ist 'ne Luft zum Schneiden.«

Krohne pflichtete ihm bei. Er erhob sich ebenfalls, und beide verzogen sich nach draußen.

»Jetzt müssen sie ihrem Blutsbruder zur Feier des Tages draußen bibbern helfen«, ulkte Köhnen hinterher. Aber die beiden hörten es nicht mehr.

Wir quatschten noch eine Weile herum, Sablotzki fing schon an, dicke Balken zu sägen, und Wiesmüller verkündete schläfrig, dass er sich auch gleich hinhauen würde. Ich drückte die fast heruntergebrannten Kerzen aus, denn wir hatten jetzt alle nur noch einen Wunsch, uns aufs Ohr zu legen. Nur Buschmeier machte noch keine Anstalten dazu.

»Mal sehen, was sich draußen tut. Ist ja direkt unheimlich, so eine ›stille Nacht‹.«

Er tappte ins Dunkel hinaus. Bald darauf hörten wir ihn draußen rufen.

»Grenadier Grimm! Mensch, Mann, wo stecken Sie denn? Na, da wird doch der Hund in der Pfanne verrückt!«

Ich stand auf und wollte hinaus, aber am Eingang prallte ich mit dem Unteroffizier zusammen.

»Verdammt noch mal! So etwas gibt's doch gar nicht!«, japste er. »Grimm ist verschwunden. Hat seinen Posten einfach verlassen. Wo stecken den Krohne und Zeunert?«

»Na, die sind doch vorhin auch ...«

»Weiß ich ja«, unterbrach Buschmeier, »aber ich dachte, die sind schon längst wieder zurück! – Los, noch mal nachsehen.«

Köhnen, Wiesmüller und ich folgten Buschmeier nach draußen. Wir riefen, suchten sogar auf der Latrine – nichts! Die drei Landser waren wie vom Erdboden verschwunden.

Der Unteroffizier tobte: »Verdammte Schweinerei!«

»Vielleicht vom Iwan kassiert?«, vermutete Wiesmüller.

»Quatsch! Die schleichen sich vielleicht hier an wie die Indianer und entführen – he, was ist da?«

Buschmeier blickte gespannt zu Köhnen, der sich am Maschinengewehr zu schaffen machte und dort anscheinend etwas entdeckt hatte.

»Da haben wir den Salat!«

Köhnen hielt einen Zettel hoch.

Wir rissen ihm das Blatt aus der Hand. Es waren nur wenige Zeilen. Ich erkannte Krohnes Schrift. Er teilte kurz und bündig mit, dass er, Grimm und Zeunert die Schnauze schon lange voll und den Plan, abzuhauen, heute eben verwirklicht hätten.

»Lieber in Gefangenschaft mit russischer Kohlsuppe voll gepumpt werden als im deutschen Graben mit Blei!«

Nach diesem Satz folgten noch ein paar Abschiedsworte und die Empfehlung an uns alle, es ihnen nachzutun.

Wir starrten uns gegenseitig an. Buschmeier öffnete seinen Mund und klappte ihn gleich wieder zu. Ihm hatte es die Sprache verschlagen.

Wiesmüller grinste vieldeutig vor sich ihn, dann meinte er trocken: »Fröhliche Weihnachten!«

Erster Weihnachtsfeiertag, 17.30 Uhr.

Völlig unverhofft kam der Befehl: »Kompanie fertig machen zum Abmarsch!«

Innerhalb von fünf Minuten stand der Haufen. Es war schon stockfinster. Schneesturm tobte. Auf russischer Seite knatterte wie zum Abschied ein Maschinengewehr. Befehlsgemäß setzten wir uns ab. Zu den Kompanien rechts und links von uns bestand Verbindung.

»Frontbegradigung«, erklärte Buschmeier lakonisch.

Vor mir stapfte Ritschel durch den Schnee. Er drehte sich kurz um.

»Mir egal, wo ich verrecke!«

Das war typisches Landsergedankengut. Durch jahrelanges Frontleben, starke seelische und körperliche Belastung kommt der Soldat langsam zu der Überzeugung, dass alles Erleben vorbestimmt ist, Schicksal, dem niemand ausweichen kann.

Der Marsch durch Schneesturm und verwehte Granattrichter war beschwerlich. Man stolperte, sank ein, fiel, rappelte sich wieder auf, aber es ging vorwärts, genauer: rückwärts.

Nach einer halben Stunde wurde das Dorf erreicht, in dem der Kompaniegefechtsstand untergebracht war. Hauptmann Gerwitz hatte die Unterstände mit seinem Stab schon verlassen. Hinter dem Dorf ging es über weite Felder, dann wurde ein Tannenwäldchen durchquert, und auf einer kleinen Anhöhe kam dann der Befehl zum Halten.

Wir trafen auf Oberfeldwebel Wittig und den Fähnrich Runze, die uns einwiesen. Die Kompanie bildete eine weitausgezogene Kette, und jeder Gruppenführer hatte nun mit seinen Leuten das Problem zu lösen, sich einzugraben.

» … und haut ran, Leute. Will mir heute Abend noch am häuslichen Herd meine Stiefel trocknen.«

Buschmeier hatte es lachend gesagt, aber ich kannte unsern »Kapo« zu gut, um nicht zu wissen, dass ihm alles andere als nach Scherzen zumute war.

Allgemeines Fluchen setzte ein, aber jeder griff nach seinem kurzen Infanteriespaten und versuchte sein Möglichstes.

Wie findig der deutsche Landser in solchen Lagen war, erwies sich hier wieder einmal. Von irgendwoher hatte einer Balken organisiert, ein anderer Bretter, Stangen. Was vorher unmöglich erschien, in diesen steinhart gefrorenen Boden Deckungslöcher zu graben, wurde dennoch Wirklichkeit. Als die Arbeit morgens gegen vier Uhr beendet war, zogen sich schön verteilte Deckungslöcher über die Höhe, Verbindungsgräben und abgestützte Erdbunker. Wiesmüller hatte auf einem Schlitten unseren kleinen Kanonenofen mitgeschleppt, der im Erdbunker bald behagliche Wärme verbreitete.

Gegen sieben Uhr rissen uns ohrenbetäubende Einschläge aus dem wohlverdienten Schlaf. Sowjetische Batterien tasteten das Gelände ab. Die Einschläge lagen noch vor den Stellungen. Man vermutete uns also in dem Waldstreifen.

Sablotzki frühstückte schon wieder Wodka.

»Pjerunje, hat der Iwan aber lange gebraucht, um zu merken, dass wir sind abgehauen«, kommentierte er.

Ich steckte mir eine Zigarette an. Die Einschläge kamen näher.

»Wumm!« Eine Granate schlug über uns ein. Sand rieselte von der Decke.

»Wer holt Kaffee und Frühstück?«, wollte Sablotzki wissen.

Köhnen schob sich den Stahlhelm ins Genick.

»Der Kerl ist doch jeck, denkt bloß immer ans Fressen und Saufen!«

»Na, wenn ich arbeite die ganze Nacht, muss ich haben Frühstück«, beharrte Sablotzki. Wütend sah er Köhnen an. »Na, pjerunje, wenn keiner geht holen, geh' ich allein!«

Langsam erhob er sich, schnallte um, setzte den Stahlhelm auf.

»Weißt du denn überhaupt, wo der Fourier ist und der neue Kompaniegefechtsstand?«, fragte Köhnen.

»Mensch, bin ich doch nicht so dumm wie du, pjerunje!«

Wir alle wussten, dass Sablotzki, wenn er sich einmal etwas in den Kopf gesetzt hatte, nicht zu halten war, und so schwieg denn auch Köhnen und ließ ihn gehen.

Wie wir später von Sablotzki erfuhren, hatte er sich tatsächlich in diesem neuen, fremden Teil des Hinterlandes noch nicht ausgekannt und verlaufen. Im düsteren Zwielicht der Morgendämmerung war er mitten im Schneesturm auf zwei pelzvermummte Gestalten gestoßen, die schwer bewaffnet waren und von ihm als Partisanen erkannt wurden. Er hatte sie kreuz und quer vor sich her getrieben, endlich den Kompaniegefechtsstand und den Fourier doch noch gefunden und die beiden gleich als Morgengruß bei Hauptmann Gerwitz abgegeben.

Sablotzki war schon ein Kumpel, auf den man sich verlassen konnte. Er hatte es also wirklich geschafft, unter Artilleriebeschuss das Frühstück heil nach vorn zu bringen. Die beiden Kannen mit »Muckefuck« (dünner Malzkaffee) waren zwar nur lauwarm, aber in der Zeltplane brachte er Kommissbrot, Pferdewurst und Margarine mit. Unteroffizier Buschmeier verteilte die Portionen gerecht.

Der Artilleriebeschuss währte den ganzen Tag, erst gegen 21 Uhr schwiegen die Batterien. Auch der Schneesturm ließ nach.

Um 21.30 Uhr meldete unser Posten verdächtige Geräusche aus dem Waldstreifen. Bis zu den ersten Baumgruppen waren es etwa zweihundertachtzig Meter.

Dudlitz, der Wache hatte, meinte: »Es klingt wie – na – Gewimmer oder so!«

Buschmeier stutzte. Köhnen tippte sich vielsagend an die Stirn. Übergeschnappt, der Junge! dachte auch ich, und Buschmeier sah ihn besorgt an wie einen armen Irren.

»Gewimmer?«, wiederholte er. »Woll'n mich wohl verscheißern, Mann, was?«

Dudlitz trat nervös von einem Fuß auf den andern. Man sah ihm an, dass er sich gar nicht wohl fühlte in seiner Haut. Aber eisern blieb er bei seiner Behauptung, er habe ein Geräusch gehört, das wie Gewimmer oder Geheul geklungen habe.

»Weiter beobachten!«, befahl Buschmeier.

Tatsächlich, alle Posten hatten eine ähnliche Wahrnehmung wie Dudlitz gemacht.

»Wölfe – vielleicht …?«, stotterte Dudlitz.

»Reichlich bekloppt!«, widersprach Bieneck. »Hier zwischen den Fronten, im Niemandsland, laufen keine Wölfe herum. Nee, nee, ich sage euch, das ist überhaupt kein Tier, das ist ein Mensch, ein Verwundeter oder so.«

»Oder so! Oder so!«, äffte Buschmeier ärgerlich nach. Auch er schien mit seinem Latein am Ende.

Aber Dudlitz triumphierte. »Seht ihr? Da habt ihr's! Ich bin doch nicht dämlich. Was ich gehört habe, habe ich gehört.«

»Ist ja schon gut«, beruhigte ich ihn. »Nun wissen wir ja, dass da …«

» … irgendwer oder -was heult, jammert, winselt oder wimmert.«

Dudlitz kostete seinen Sieg voll aus.

Köhnen räusperte sich.

»Sieht mir ganz nach Falle aus«, sagte er bedächtig.

»Na, pjerunje, machen wir Spähtrupp, werden wir gleich sehen, was ist mit verdammtem Geheul«, schlug Sablotzki vor.

Alle blickten auf Buschmeier. Der sah durch sein Nachtglas zum Waldrand hinüber. Unschlüssig zuckte er die Schultern.

»Gut«, sagte er, »laufen wir einen Spähtrupp. Wenn es wirklich eine Falle sein sollte, wäre das ja eine ganz neue Art von Kriegführung. Wer meldet sich freiwillig?«

Alle wollten dabei sein. Buschmeier wählte neun Mann aus. Ich war dabei. Dann erklärte er uns seinen Plan.

»Das Waldstück wird rechts umgangen. Zwei Mann aber pirschen sich von hier aus auf dem kürzesten Weg, also frontal, auf das – hrm«, er warf einen schiefen Blick auf Dudlitz, »Gewimmer zu. Bieneck und Köhnen, Sie werden diesen Zwei-Mann-Pirschgang übernehmen. Wenn es eine Falle ist, wenn der Gegner also im Hinterhalt liegt, wird er auf euch aufmerksam, wir andern aber packen ihn von hinten.« Er blickte auf seine Armbanduhr. »Sagen wir also zehn Minuten Vorsprung für uns, weil wir das Waldstück umgehen müssen.

Ihr macht euch zehn Minuten später nach unserem Abgang auf die Socken. Alle Klarheiten beseitigt?«

Wir nickten ebenfalls und folgten Buschmeier. Lautlos, der Schnee dämpfte jeden Schritt, ging es vorwärts. Diesen Unteroffizier lernte ich immer mehr schätzen. Er war ein kluger, erfahrener Mann.

Schon nach acht Minuten hatten wir den rechten Teil des Waldstreifens erreicht. Da war er wieder, dieser seltsame Ton. Es klang jetzt wie Gelächter, beinahe unheimlich. Es war deutlich zu hören. Buschmeier hatte die Zeit gut abgeschätzt, denn nach knapp zehn Minuten hatten wir es geschafft. Langsam schoben wir uns noch ein paar Meter weiter voran, dann waren sie auszumachen. Etwa neunzehn Rotarmisten zählte ich, gut getarnt und gedeckt. Wir lagen nur wenige Meter hinter ihnen, und sie hatten keine Ahnung. Sie bildeten einen weiten Halbkreis um eine kleine Lichtung.

Köhnen und Bieneck mussten jetzt schon unterwegs sein. Da! Schon wieder diese Töne. Mit offenem Mund lauschten wir und ließen dieses Phänomen auf uns einwirken. Tatsächlich, diese Art Indianerkriegführung war neu an der russischen Front. Der Anführer der Gruppe dort mochte wohl seine Ahnen noch unter irgendwelchen mongolischen Stammesfürsten suchen können, denn die Idee, mit Geheul den Gegner in eine Falle zu locken, war einesteils absurd, aber vielleicht gerade deshalb psychologisch so wirkungsvoll. Auch bei uns hätte sie Erfolg gehabt, wenn wir so unvorsichtig gewesen wären, alle von vorn zu kommen.

Buschmeier deutete schweigend auf einen dunklen Punkt in der Mitte der Lichtung: ein Deckungsloch. Genau von dort erscholl plötzlich wieder dieses unerklärliche Geräusch. Erst ein tiefer, lang gezogener Ton, der anstieg, spitz und hell wurde, abschwoll und schließlich mit einem kläglichen Wimmern abbrach. Ich staunte. Das war das Produkt einer modulationsfähigen menschlichen Stimme mit ein paar bewundernswerten Kehlkopftricks. Der Bursche da im Loch hätte sich damit im Zirkus hören lassen können.

Ich überlegte. Köhnen und Bieneck mussten jetzt bald heran sein.

»Achtung!«, hauchte Buschmeier.

Es war nicht nötig, denn wir hatten es alle selbst gehört, dieses leise Knacken, welches entsteht, wenn Sicherungsflügel von automatischen Waffen umgelegt werden.

Das galt unseren beiden Kameraden, allerhöchste Gefahr für sie! Wir mussten also schneller sein als der Gegner und zögerten daher auch keine weitere Sekunde mehr. Fast gleichzeitig zogen wir alle durch. Dort bäumte sich noch einer auf, brach aber gleich wieder zusammen. Ein anderer konnte noch seinen Zeigefinger krümmen, doch der Feuerstoß seiner Waffe ging ins Leere.

Der Spuk war vorbei. Wir nahmen die Waffen der Gefallenen an uns und erreichten mit Köhnen und Bieneck unbehelligt unsere Linie.

Am nächsten Morgen wurde ich vom Luftdruck einer Granate aus dem Schlaf gerissen.

Die Hölle brach los! Ich stürzte aus dem Bunker. Ein Flammenvorhang leuchtete auf, von einem plötzlichen, nie gehörten Aufbrüllen begleitet. Schwerste Abschüsse, Einschläge in unsere Stellungen. Die Erde bebte, gigantisches Vernichtungsgebrüll zahlloser Batterien. Eine flammende Feuerwand wälzte sich über die deutsche Front.

Ich taumelte den Graben entlang, fiel über einen toten Kameraden. Es war Dudlitz. Auf! Weiter! Wohin? Ich wusste es nicht. Hinter mir ein vernichtender Einschlag. Holzsplitter, Fleischfetzen, Blut wirbelten und spritzten durch Pulverdunst. Wo eben noch unser Erdbunker stand – ein Riesentrichter! Volltreffer schwerster Granaten!

Schwelender Qualm, wo eben noch Menschenherzen schlugen. Wie viele Kameraden hatte es erwischt? Ich konnte nicht mehr klar denken. Der Luftdruck eines Einschlages schleuderte mich gegen die Grabenwand. Neben mir kniete Wiesmüller. Er brüllte auf, griff sich mit beiden Händen an die Brust, fiel aufs Gesicht – aus! Tot!

Ich hastete zum nächsten Maschinengewehr. Sablotzki lehnte an der Wand – beide Beine abgerissen. Ich beugte mich über ihn. Wollte er mir noch etwas sagen?

»Sablotzki! – Mensch ...!«

Mir blieb das Wort im Halse stecken. Es würgte mich. Verflucht noch mal! Eine heiße Wut stieg in mir hoch. Ohnmächtig dabeizustehen, tatenlos zusehen zu müssen, wenn einer hilflos verblutet! – Kein seltener Anblick für mich, und doch immer wieder qualvoll, erschütternd!

Wenn jetzt ein Sani da wäre! Vielleicht wäre er noch zu retten, der Sablotzki. Vielleicht könnte er ...

Doch es war ja so zwecklos, noch länger darüber nachzudenken, was wäre, wenn ... Heute Sablotzki, morgen ich oder ein anderer. Egal, alles egal! Apathisch hockte ich mich neben den sterbenden Kameraden. Er trank seinen letzten Schluck Wodka.

»Pjerunje, hat mich doch erwischt ...!« Seine Abschiedsworte! Die Schnapsflasche fiel ihm aus der Hand und rollte ein Stück über den Boden. Ich hob sie auf, wollte sie in einer Anwandlung von Sentimentalität zu mir stecken. Aber dann legte ich sie neben den toten Kameraden nieder, auf dieselbe Stelle, wo sie seinen kraftlosen Fingern entglitten war.

Urplötzlich verstummte das Gebrüll der Kanonen, keine Einschläge mehr, dafür aber das Dröhnen von Motoren.

Da ertönten auch schon Alarmrufe: »Panzer! – Panzer von vorn! Alaaarrm!«

Deutsche Landser schossen verzweifelt rote Leuchtkugeln ab, Alarmzeichen für unsere Kanoniere.

Augenblicklich legten deutsche Batterien ein Sperrfeuer hin. Schwere Granaten knallten zwischen die Angreifer, richteten Verwirrung an, zerfetzten Panzer mitsamt der Besatzung.

Ich lag hinter einem Maschinengewehr. In Deckung der Panzer stürmte der Feind vorwärts. In breiter Front kamen sie heran.

»Urräh! Urräh!«, ertönte ihr Schlachtruf.

Ich hatte ihn zu oft gehört, er ließ mich kalt. Ich nahm die Gestalten ins Visier, wo sie sich zeigten. Sie brachen zusammen im Feuer unserer Waffen. Einer ihrer Sturmtrupps versuchte durch den Drahtverhau eine Gasse zu bahnen.

Tollkühne Burschen! dachte ich. Warum lassen sie ihre Panzer die Arbeit nicht machen? Sie bezahlen ihren Mut mit dem Leben. Ein Maschinengewehrschütze aus der Nachbargruppe hatte sie unter Feuer genommen.

Hinter einem eben zusammengeschossenen Panzer stürmte ein anderer Trupp hervor.

»Urräh!«

Sie waren bedrohlich nahe, warfen Handgranaten. Aber plötzlich waren sie von einer schwarzen Rauchwolke eingehüllt. Ein Flammenwerfer hatte sie erfasst.

Hinter mir schrie einer meinen Namen. Ich fuhr herum. Oberfeldwebel Wittig stürzte auf mich zu. Sein Gesicht war blutverschmiert. Ein Granatsplitter hatte ihm die halbe Wange weggerissen.

»Verfluchte Scheiße!«, brüllte er, und die Augen tränten ihm vor Schmerz.

»Hau ab!«, schrie er mir ins Ohr. »Auf dem schnellsten Weg zurück zum Kompaniegefechtsstand! Telefon und Funkverbindung unterbrochen! Versuch, durchzukommen! Melde: ungefähr die halbe Kompanie Ausfall. Muss mich mit dem Rest zurückziehen, wenn nicht sofort Verstärkung eintrifft! Hau schon ab!«

Grenadier Schuhmann kauerte sich hinter die Waffe. Ich schnappte mir seine Maschinenpistole und hastete von Trichter zu Trichter. Die Luft schmeckte nach Pulver und verursachte Hustenreiz, Querschläger surrten mit hässlichen Tönen durch den Dunst, Infanteriegeschosse pfiffen vorbei.

Ein Panzer war durchgebrochen, seine Kanone blitzte auf. Ich ließ mich in den Trichter fallen und blieb auf der Sohle liegen. Schon hörte ich den laut jaulenden Motor, sah die Panzerketten hinter und über mir. Aus! dachte ich noch. Der Koloss überrollte mich. Hilflos lag ich zwischen seinen stählernen Raupenketten. Mein eigener Schrei gellte mir in den Ohren. Jetzt stand er, würde sich gleich drehen, mich zermalmen. Eine Sekunde dachte ich an Sablotzki, der hatte es schon hinter sich. Da! – Wumm! – Ein Zittern ging durch den metallischen Leib! Explosion! Rauchentwicklung! Ich begriff: Pak-Volltreffer! Erledigt! Jubel stieg in mir hoch.

Aber jetzt raus hier! Heißes, brennendes Öl lief an dem Stahlkoloss herunter. Mit beiden Armen stemmte ich mich unter dem T 34 hervor.

Die Panzerbesatzung war anscheinend getötet worden, denn aus der geöffneten Luke schlugen Flammen und schwarzer Rauch hervor.

Ich sprang auf, rannte weiter. Granateinschlag rechts. Er schleuderte mich zur Seite, ich taumelte. Ein messerscharfer Splitter ritzte den rechten Handrücken auf. Ich stolperte, fiel in ein Schneeloch. Die blutige Hand färbte den Schnee rot. Sekunden später war ich wieder hoch.

Zur Linken sah ich plötzlich im Pulverdunst zwei T 34 vorpreschen. Ihre Motoren liefen auf Hochtouren, Ketten rasselten. Einer schwenkte den Turm. Noch bevor sein Maschinengewehr loslegte, fand ich mich in einem noch von schwelendem Pulverdampf angefüllten Trichter wieder. Ich keuchte, japste nach Luft und blieb eine Weile teilnahmslos liegen.

Mit jagenden Lungen lauschte ich nach oben. Der Panzer fuhr weiter. So hetzte ich zum nächsten Krater.

Der Kompaniegefechtsstand hatte mehrere Volltreffer erhalten, erfuhr ich durch einige Landser, die aus den Trümmern zu retten suchten, was noch zu retten war. Der Kompanieführer, Hauptmann Gerwitz, war gefallen. Hauptfeldwebel Reiger lag mit einem Bauchschuss im Sanka und wartete auf den Abtransport.

Ich wendete mich an Sperr, den kleinen drahtigen Unteroffizier aus dem Ruhrgebiet.

Der lachte heiser, als er hörte, welche Wünsche Oberfeldwebel Wittig hatte. Dann tobte er: »Verstärkung? Reserve? Frag diesen Vollidioten von einem Oberfeldwebel, wo ich sie hernehmen soll. Du siehst doch selbst, was hier los ist. Es gibt nur eins: Beine untern Arm und verschwinden. In spätestens drei Minuten ziehen wir Leine – wärst wahnsinnig, den Weg nach vorn zurückzulatschen!«

Da ertönte links von uns der Schreckensruf: »Panzer von vorn!«

Aus Pulverdampf und Rauchschwaden tauchten sie auf, T 34. In breiter Formation griffen sie an und feuerten, was das Zeug hielt.

So schnell wie möglich verschwanden wir in Löchern und Erdspalten. Keine Sekunde zu früh. Schon rasselten sie über uns hinweg. Wir waren ihnen sicher. Sie hatten andere Ziele, weiter hinten. Die russische Infanterie war noch nicht so weit vorgedrungen, aber es konnte sich nur noch um Minuten handeln, dann waren wir Gefangene der Roten Armee – oder tot.

Sperr wusste es. Dann kam sein Befehl: »Alles hört auf mein Kommando!«

Vierundzwanzig Feldgraue waren es, die sich um ihn scharten.

»Wir müssen uns teilen«, erklärte er. »Wir paar Mann können den Iwan nicht aufhalten, also Rückzug. In kleinen Trupps kommen wir aber besser durch.« Er stellte sechs Gruppen zu vier Mann zusammen. »Die eigenen Reserveverbände, die im Hinterland stehen, werden wir so schneller und sicherer erreichen«, sagte er noch.

Die Neuformierung war gerade vollzogen, als ein blutjunger Landser, der neben mir stand, die Arme hochwarf und lautlos zusammenbrach. Ihm war nicht mehr zu helfen. Sperr nahm dem Jungen das Soldbuch aus der Brusttasche. Es war blutig und von einer Kugel glatt durchschlagen. Er nestelte die Erkennungsmarke hervor und brach die Hälfte ab.

Die Gruppen setzten sich in höchster Eile ab, aber schon bald hatte uns der Russe am Kragen. Gezieltes Maschinengewehrfeuer zwang uns in Deckung. Hinter einem zusammengeschossenen Panzer warteten wir und beobachteten. Obergefreiter Wolters krümmte plötzlich den Zeigefinger um den Abzugsbügel seiner Maschinenpistole. Der Feuerstoß traf einen der Russen, die sich zu weit vorgewagt hatten, in die Beine. Der Mann brach zusammen und schrie. Aus dem Pulvernebel stürmten mit einem Male an die zwanzig Gestalten heran.

»Urräh – urräh!«

Ich zog eine Handgranate ab. Wurf und Einschlag! Noch eine hinterher. Meine Kameraden warfen ebenfalls. Das gab Aufenthalt beim Feind. Er konnte nicht wissen, wie stark der plötzliche Widerstand war, musste sich langsam herantasten. Wir nutzten die Chance.

»Vorsichtig, aber so schnell wie möglich zurück!«, rief Wolters, der die Führung der Gruppe übernommen hatte.

Wie aufgescheuchte Tiere robbten wir von Deckung zu Deckung. Die Russen beharkten den zerschossenen Panzer und seine Umgebung mit Handgranaten und Granatwerfern. Aber wir rannten schon außerhalb des Vernichtungskreises. Die Chance, zu entkommen, war gering. Wir liefen um unser Leben.

Tot oder Gefangenschaft! hämmerte es in meinem Schädel. Plötzlich dehnte sich vor uns ein Hochwald mit dichtem Unterholz aus. Schicksalsergeben stürmten wir hinein. Kein Beschuss! Keine Partisanen!

»Man muss auch mal Glück haben«, japste einer.

»Kleine Verschnaufpause!«, sagte Wolters.

Ich hatte als Einziger noch eine Zigarette. Die ging von Mann zu Mann. Unser Aufenthalt währte keine Minute, jeder wusste, dass der Feind nachdrängte.

Die andere Seite des Waldes wurde erreicht. In der Ferne sahen wir eine Rollbahn, auf der sich Fahrzeuge bewegten. Die Rollbahn lag unter Artilleriebeschuss. Je näher wir kamen, desto öfter stießen wir auf versprengte Landser, die einzeln oder in Gruppen flüchteten. Angehörige der verschiedensten Einheiten waren darunter: Kanoniere, Panzergrenadiere, Pioniere, Grenadiere, Flak-Kanoniere und sogar ein paar Mann von der Waffen-SS. Der Haufen von Versprengten wurde so immer größer, ebenso die Gefahr, von feindlichen Panzern entdeckt und zusammengeknallt zu werden.

Auf der kilometerlangen Rückzugsstraße war der Teufel los. Granaten aller Kaliber zerfetzten und zerrissen, was auf der Straße stand, fuhr, sich bewegte. Lastkraftwagen, Sanka, Personenkraftwagen, Geschütze, Waffen und Gerätschaften aller Art wurden in einen wirren Eisen- und Blechhaufen verwandelt. Dazwischen tote Pferde, tote oder verwundete Soldaten, ein unübersehbares Chaos.

Abseits der Rollbahn, neben einer gesprengten Bunkeranlage, wurde ich auf eine Gruppe von Landsern aufmerksam.

»Verdammt, guck dir das mal an!«, rief einer aufgebracht. »Ist das nicht 'ne Schweinerei?«

»Tatsächlich!«, pflichtete sein Kumpel bei.

Ich trat hinzu und sah, wie ein Trupp Pioniere damit beschäftigt war, einen großen Haufen von Ausrüstungsgegenständen zu vernichten. Ganze Stapel von Wäsche, Haufen von Schuhen und Stiefeln, Uniformen, Mäntel, Koppel, Schulterriemen, Taschentücher, Tornister, Brotbeutel und Handschuhe wurden von ihnen mit Benzin übergossen und angesteckt.

Ein Herr mit hochrotem, schwitzendem Gesicht, ein Stabszahlmeister, beaufsichtigte das den Landsern sinnlos erscheinende Treiben. Aufgeregt und von der Wichtigkeit seiner Aufgabe durchdrungen, rannte der Beamte hin und her. Er gestikulierte, gab Anweisungen und schimpfte. Ein Windstoß trieb ihm beizenden Qualm ins Gesicht. Er rang nach Luft und presste die Hände vor die Augen.

Die umherstehenden Männer lachten schadenfroh. Diese Sorte von Leuten konnte keiner ausstehen, vor allen Dingen kapierte niemand, weshalb hier Sachen vernichtet wurden, von denen jeder wusste, dass sie an anderer Stelle nötig gebraucht wurden. Einer der Leute tippte sich bezeichnend an die Stirn.

»Sind die denn noch zu retten?«, fragte er einen Feldgrauen, der daraufhin den Kopf schüttelte.

»Befehl ist eben Befehl, Kumpel, und wenn's der größte Blödsinn ist.«

»Mensch, ich könnte gut noch ein paar Hemden gebrauchen. Meines ist vollkommen zur Sau, und der Teufel weiß, wann ich wieder ein anderes bekomme.«

»Hol dir doch welche«, meinte der andere. »Dann landest du vor dem Kriegsgericht wegen Diebstahl von Wehrmachtsgut!«

In diesem Augenblick tauchten vier zerrissene, zerlumpte Gestalten auf. Es waren ebenfalls versprengte, müde Kameraden, wahrscheinlich aus dem dicksten Dreck kommend. Vielleicht waren sie die einzigen Überlebenden irgendeines Haufens, oder die Flucht aus der Gefangenschaft war ihnen geglückt. Auf jeden Fall sollte man ihnen helfen.

Einer von ihnen lief mit zerschlissenen Schuhen über den Platz, ein anderer trug nur noch eine Hose, und den beiden letzten hing die Uniform in Fetzen vom Leib.

Mit einem Blick erfassten sie, was hier geschah, und stürzten sich auf die qualmenden Ausrüstungsgegenstände, um für sich noch etwas zu retten.

Dem mit den Schnüren um die Schuhe gelang es, ein Paar Knobelbecher zu greifen, die von den Flammen noch nicht erreicht waren. Seine Kameraden rissen aus dem Brand heraus, was sie dringend brauchten. Doch da nahte das Verhängnis in Gestalt des Zahlmeisters.

»Alles liegen lassen!«, krächzte er mit aufgeregter Stimme.

Sie drehten sich um und sahen den Dicken an.

Ich war gespannt, wie es weitergehen würde. Normalerweise mussten sic dem Befehl sofort Folge leisten, aber im Augenblick der Not und Gefahr blieb für anerzogenen Drill meistens nicht viel übrig. Die vier zerlumpten Gestalten warfen dem Stabszahlmeister böse Blicke zu.

»Na, wird's bald?«, kreischte der mit sich überschlagender Stimme. Dann versuchte er, dem ihm am nächsten Stehenden die Stiefel aus der Hand zu reißen, aber der Mann schob ihn zur Seite. Da griff der Beamte zur Pistole. Doch noch ehe er sie in Anschlag bringen konnte, kam von der anderen Seite einer der Zerlumpten und rammte ihm die Faust in den Magen. Der Beamte plumpste nach hinten und röchelte. Die Versprengten rannten davon, ihre »Beute« mitnehmend.

»Schnell, hauen wir ab«, sagte Wolters zu uns, »natürlich haben wir nichts gesehen, klar?«

Es ging weiter. Die Gruppen der Versprengten sammelten sich abseits der Rollbahn hinter einer kleinen Felsenerhebung. Ein Hauptmann der Infanterie stellte in aller Eile Kampfgruppen zusammen. Wolters und ich fanden uns bei der Kampfgruppe sechs wieder. Ein junger Fahnenjunker führte den Haufen an. Dann begann ich an Wunder zu glauben: Ich entdeckte Bieneck, Köhnen und Buschmeier.

Aufgabe einiger Kampfgruppen sollte es sein, den nachdrängenden Gegner am Hochwald so lange aufzuhalten, bis Verstärkung eintreffen würde. Anderen Kampfgruppen wurde der Befehl erteilt, einen Höhenzug, der sich rechts und links der Rollbahn hinzog und von starken Partisanentrupps besetzt war, in frontalem Sturmangriff zu nehmen. Der Infanteriehauptmann war Ritterkreuzträger. Sein Gesicht drückte eine wilde Entschlossenheit aus. Er schleuderte einige zündende Worte unter die Leute. Wie oft hatte man das schon gehört.

Brennende Augen aus blassen Gesichtern starrten ihn an. Diese fronterfahrenen Landser waren gewöhnt, Befehle auszuführen, und sie würden auch jetzt das Unmögliche versuchen. Neun Kampfgruppen zu vierzig Mann marschierten nun links der Rollbahn gegen den Höhenzug.

Wolters meinte etwas niedergeschlagen: »Die lassen uns rankommen auf Schussweite und knallen dann jeden Einzelnen zusammen wie auf dem Schießstand.«

»Abwarten und Tee trinken, Kameraden«, sagte unser Kampfgruppenführer lässig.

Diesem jungen Fähnrich, einem Landsmann von Bieneck, schien die ganze Sache Freude zu machen. Seine kurze, aufgestülpte Nase gab ihm etwas Kindlich-Freches.

Jetzt ging der Zauber los. Zwei Fla-Geschütze, einige Maschinengewehre und Granatwerfer waren vorher in Stellung gegangen. Sie begannen mit einem Feuerüberfall auf den linken Bergabhang. Die anderen, jenseits der Straße ansteigenden Hänge lagen gut hundert Meter zurück, sodass die hier verschanzten Partisanen ihren Genossen keinen Feuerschutz geben konnten. Glücklicherweise war von feindlichen Panzern im Augenblick nichts zu sehen.

Dann stürmten wir. Wütendes Infanteriefeuer schlug uns entgegen. Die ersten Kameraden wurden getroffen, brachen zusammen. Verwundete schrien nach dem Sanitäter. Schon nach knapp sechzig Metern blieb der Angriff im Abwehrfeuer der Partisanen liegen. Wir sprangen trotzdem wieder auf, rannten, hasteten weiter. Die meisten aus Verzweiflung angesichts der scheinbar aussichtslosen Lage, andere, weil ihnen der Befehl im Nacken saß, wieder andere vielleicht aus Wut.

Der Hauptmann stürmte uns voran. Er besaß Schneid und Verwegenheit. Das riss mit. Seine Maschinenpistole hämmerte ununterbrochen. Ich warf meine letzte Handgranate. Sie rollte einem Partisan direkt vor die Füße; der Mann wurde zerfetzt. Wir stürzten weiter. Die vordersten Deckungslöcher wurden überrannt. Dann war es so weit: Wieder einmal Nahkampf, Mann gegen Mann! Diese Partisanen verstanden sich zu wehren. Sie kämpften mit Messer und Pistole. Aber hinter uns stand die Aussichtslosigkeit, sie trieb uns zum Äußersten. Der Kampf war kurz und mörderisch. Es gab keinen Pardon. Ein großer Russe drückte seine Pistole aus nächster Nähe auf mich ab. Es machte »Klack« – das Magazin war leer. Er hatte keine Chance mehr.

Auch diese Art zu töten war nichts Neues für mich. In solchen Augenblicken war kein Platz da für Überlegungen. Der Überlebenswille führte die Hand, machte den Menschen zum Roboter, zum Mordroboter. Man atmete auf, wenn man noch einmal davongekommen war, erst dann meldete sich der Ekel, tief im Unterbewusstsein – Ekel vor sich selbst, Ekel vor allem!

Die Partisanengruppe jenseits der Straße konnte jetzt in die Zange genommen werden. Es dauerte nur halb so lange wie bei den anderen, dann waren auch sie vernichtet.

*

Der russische Durchbruch konnte weder vertieft noch erweitert werden, aber viel Blut war auf beiden Seiten geflossen. Unsere Bataillone hatten sich schnell wieder formiert, danach erfolgte der deutsche Gegenschlag. Mit Panzerunterstützung und Einsätzen von Sturzkampfbombern wurde das Terrain wieder gewonnen, das verloren gegangen war. Wir stießen sogar über unsere ehemalige HKL weit hinaus, und die unbestätigte Parole ging von Mund zu Mund, dass der deutsche Generalstab jetzt zum großen Schlag aushole.

Es war ein eiskalter Tag im Januar. Alles Leben schien im Frost zu erstarren. Ich konnte diesen Tag nie vergessen, denn an ihn knüpfte sich ein Erlebnis, wie es nur die Furie Krieg bereithalten konnte.

Am Nachmittag war unser neuaufgestelltes Marschbataillon aufgebrochen. Wir marschierten in Reihen rechts und links neben der Rollbahn, um unsere motorisierten Einheiten nicht zu behindern. Die Temperatur betrug 38 Grad unter Null, und ein scharfer Nordost pfiff über das weite weiße Land.

Nach Einbruch der Dämmerung durchquerten wir ein kleines zerschossenes Städtchen, das auch jetzt noch unter Artilleriebeschuss lag. Nur noch wenige Häuser standen.

»Äußerste Vorsicht! Partisanengefahr!«, wurde durchgegeben.

Mit schussbereiter Waffe beobachtete jeder im Vorwärtsschreiten Ruinen, Häuser, Fenster, Türen. Die Männer schwiegen. Ob sie ahnten, dass Gefahr lauerte?

Kaum einer sah sie kommen. Handgranaten! Zu Dutzenden fielen sie plötzlich aus den Fenstern der oberen Stockwerke, explodierten krachend zwischen Fahrzeugen und Landsern, Maschinenpistolen bellten aus allen Richtungen.

»Partisanenüberfall!«

»Alaaarm!«

Schreie und Flüche! Ein Feuerbefehl war nicht nötig. In wilder Panik feuerten die Landser auf Fenster, Türen, hinter denen der Feind saß. Aus einem alten hohen Haus, etwa fünfzig Meter neben der Straße, blitzte es pausenlos auf. Aus der dritten Etage stürzte plötzlich ein Mann in die Tiefe. Beim Aufschlag löste sich eine Serie von Schüssen aus seiner Maschinenpistole. Ein Trupp Kameraden war eben dabei, die hölzerne Haustür zu zertrümmern. Unter ihren Kolbenschlägen splitterte das Holz. Ich sprang hinüber und half. Ein Landser neben mir erhielt einen Schuss durch den Kopf. Er fiel mir direkt in die Arme. Schon stürmten unsere Leute in das Haus. Ich folgte ihnen. Es war stockdunkel. Taschenlampen flammten auf. Schüsse und Schreie hallten von den Mauern wider.

In der zweiten Etage peitschten Schüsse durch die geschlossene Wohnungstür. Grenadier Meyer warf eine Handgranate. Die Tür flog aus den Angeln und krachte in den Vorraum der Wohnung. Noch ein paar Eierhandgranaten hinterher. Die Explosionen zerrissen das Mobiliar. MPi-Kugeln prallten von den Wänden, Querschläger heulten durch die Räume und gefährdeten jeden. Aus einem Eckzimmer wurde zurückgeschossen. Unter dem Feuerschutz der Kameraden robbte ich an die Tür, warf eine Handgranate. Es wummerte gefährlich, dann hörte man aus dem Raum nur noch leises Stöhnen.

»Die überfallen keine deutschen Landser mehr«, sagte einer.

In den Kellerräumen des Hauses wurde noch gekämpft. Wir stürzten hinunter, um die Kameraden zu unterstützen. Das Krachen von Handgranaten mischte sich mit dem Gebell von Maschinenpistolen. Es wurde geflucht auf beiden Seiten, und es wurde auf beiden Seiten gestorben.

Ich versuchte mich zu orientieren. Wo standen die Kameraden? Wo war der Feind? Neben mir knipste einer seine Taschenlampe an.

»Licht aus!«, brüllte eine Stimme, aber die Warnung kam zu spät. Der Feuerstrahl einer Maschinenpistole züngelte fast gleichzeitig mit dem Todesschrei des Kameraden auf. Seine Taschenlampe klirrte zu Boden. Ihr Schein erfasste vier pelzbeschuhte Gestalten in einem Kellerwinkel. Sekundenbruchteile entschieden, mein Zeigefinger krümmte sich, die Garbe ließ die Gegner zusammenbrechen.

Da! Plötzlich ein greller Blitz! Eine Stichflamme zuckte aus dem hinteren Teil des weiträumigen Kellers empor. Ohrenbetäubende Explosion! Ich fühlte noch, dass mich eine unsichtbare Macht gegen die Steinmauer schleuderte, aber der Aufprall war scheinbar ganz weich. Ich versank in eine tiefe, wohl tuende Finsternis.

Als ich wieder zu mir kam, schmerzten sämtliche Knochen. Nur mühsam gelang es mir, mich aufzurichten und an das zu erinnern, was vorgefallen war. Kampf – Keller – Dunkelheit – Stichflamme.

»Der lebt noch!«

Wie aus weiter Ferne drangen die Worte in mein Bewusstsein. Der Schein von Taschenlampen blendete mich. Rechts und links von mir lagen einige feldgraue Gestalten. Ich verstand: Gefallene, und ich hatte unter ihnen gelegen. Man hatte mich für tot gehalten.

»Mensch, wir dachten, dich hat's auch erwischt!«

Es war Unteroffizier Buschmeier, der vor mir kniete. Ehrliche Freude über meine Auferstehung stand in seinem Gesicht. Es stellte sich heraus, dass ich nicht im Geringsten verletzt worden war. Nur mein Schädel brummte fürchterlich. Die Kameraden erzählten, was sich ereignet hatte. Dynamit oder ein anderer Sprengstoff, der irgendwo im Keller gelagert hatte, war durch Schüsse oder Handgranaten zur Explosion gebracht worden.

»Die letzten Partisanen haben wir zwar ausschalten können«, sagte er, »aber stell dir vor, Möller, das Haus ist über uns zusammengefallen. Ein Teil der Kellerdecke ist ebenfalls zusammengestürzt, der einzige Ausgang und die fünf Fenster sind verschüttet und blockiert. Mit einem Wort, mein Lieber, wir sind eingeschlossen wie die Katze im Sack.«

Weiter erfuhr ich, dass dieser Keller eine Art Lager für Partisanen gewesen sein musste, denn es waren Waffen aller Art, Munition, Kisten mit der Aufschrift »Wodka«, Kanister mit Benzin, Dieselöl, Petroleum und Ausrüstungsgegenstände gefunden worden.

»Wenn die Kanister mit den Treibstoffen in Brand geraten wären, dann wären wir jetzt bereits alle braun und knusprig geröstet«, ergänzte Buschmeier seine Erklärung.

Ich erhob mich.

»Also, das gibt's doch gar nicht«, sagte ich, »es muss doch irgendwie eine Möglichkeit geben, rauszukommen!«

»Versuch's doch!«, rief man mir zu.

Mein Rundgang durch die ganz gebliebenen Kellerräume ergab nichts. In einer Ecke sah ich acht tote Zivilisten liegen. Partisanenschicksal!

Ich dachte nach. Von uns lebten noch zwölf Mann, davon war einer schwer verwundet: Bauchschuss. Ein Zweiter hatte einen Streifschuss am Kopf erhalten.

»Raus müssen wir auf jeden Fall, und so schnell wie möglich«, sagte ich zu Buschmeier.

Sein nachdenkliches Gesicht drückte Besorgnis aus.

»Mit den paar Lebensmitteln einschließlich der Eisernen Ration kommen wir nicht weit, und Wasser ...«

» ... gibt's nicht«, fiel ich ihm in die Rede, »schon gesehen. Die Steigleitungen sind zerbrochen, ebenso das Hauptrohr; es wird wahrscheinlich schon außerhalb des Hausbereichs einen Defekt haben. Wir verdursten also eher, als dass wir verhungern!«

»Alle mal herhören!«, wandte sich Buschmeier an die Überlebenden. »Jeder von euch kennt die Lage. Wir sind eingeschlossen, und wenn es nicht bald gelingt, hier rauszukommen, dann krepieren wir eher, als uns lieb ist.«

Der Soldat Eckermann saß auf einem Betonbrocken. Nachlässig winkte er ab.

»Die werden uns schon rausholen hier«, sagte er mit gespielter Ruhe, »man kann uns doch nicht einfach wie Ratten verrecken lassen.« In seinen Augen aber saß die Angst.

Gefreiter Oesterlein war der Mann mit dem Bauchschuss. Er schrie, winselte, flehte. Er wusste, dass es aus war, wollte es aber noch nicht wahrhaben. Er klammerte sich an die Hoffnung, dass es aus diesem Rattenloch für uns noch einen Weg in die Freiheit geben würde, so schnell wie möglich, und dass ihn draußen dann irgendwelche Hilfe erwarten könnte. In abgehackten Sätzen, zwischen Wimmern und Stöhnen, gab er dieser Hoffnung, diesem rührenden Glauben an ein unerhörtes Wunder Ausdruck. Er war noch ein junger Kerl, dieser Oesterlein, zweiundzwanzig höchstens, und er wollte nicht sterben. Er wollte einfach nicht! Dieser zähe Wille hielt ihn vorerst noch aufrecht.

Zwei Kameraden kümmerten sich um den Schwerverwundeten, aber unsere paar Verbandspäckchen konnten dieses Schicksal nicht aufhalten.

Unteroffizier Buschmeier redete weiter: »Wir können

uns nicht darauf verlassen, dass man von außen Rettungsversuche unternimmt. Ich glaube jedenfalls nicht daran, denn während des Straßen- und Häuserkampfes hatte jeder mit sich selbst zu tun. Nein, Kameraden, wir müssen selbst einen Weg freilegen.«

»Womit denn?«, rief einer aufgebracht. »Mit den Händen etwa?«

Es war Hammersen, ein hochaufgeschossener blonder Junge aus Hamburg. Er war gerade dabei, eine provisorische Petroleumlampe zu basteln.

»Maul halten!«, rief ein ergrauter Oberschnäpser. »Selbstverständlich nehmen wir auch die bloße Hand, wenn es sein muss. Natürlich, dieses Jüngelchen ...«

Er wurde unterbrochen. Hammersen sprang auf, trat hart an ihn heran, legte die Rechte an den Griff seiner Pistole und sagte drohend: »Was für ein Jüngelchen denn?«

Sofort war ich bei den beiden, stellte mich zwischen sie, sah Hammersen lächelnd in die zornig funkelnden Augen und sagte ruhig: »Alles Nervensache, Kumpel. Durchdrehen ist ab sofort nur noch Kindern und alten Weibern erlaubt. Alles klar?«

Er sah mich einen Augenblick verblüfft an. Dann lachte er hart auf und ging wieder an seine Bastelei. »Na schön, werdet ja sehen, ihr Klugscheißer!«

Buschmeier ließ sich nicht beirren.

»Kameraden, es ist mir klar, dass wir im dicksten Dreck sitzen. Aber wir haben nur eine Wahl: Entweder verrecken oder Maulwurf spielen mit der Chance, freizukommen.«

Hammersen schien große Lust zu haben, zu widersprechen. Er bezwang sich aber. Seine Petroleumfunzel war gerade fertig geworden. Er setzte sie in Brand. Ich klopfte ihm leicht auf die Schulter.

»Beste deutsche Wertarbeit«, sagte ich anerkennend. »Ich bestelle hiermit bei der Firma Hammersen noch zwei der erstklassigen Petroleumlampen. Liefertermin nicht heute, sondern sofort. Wir brauchen sie dringend.«

Er fixierte mich aus grauen Augen, in denen sich Erstaunen und Belustigung zugleich ausdrückten.

»Sonst noch Wünsche?«, fragte er.

Wir verstanden uns. Nach einer halben Stunde waren zwei weitere Lampen fertig, die so viel Licht verbreiteten, dass man besser sehen konnte als vorher beim Schein der Taschenlampen.

»Zuerst werden wir versuchen, die Tür freizulegen«, schlug Buschmeier vor. »Wir haben keine anderen Werkzeuge als unsere Seitengewehre und zwei Spaten. Also dann mal ran, Männer!«

Wir arbeiteten schweigend, verbissen. Ab und zu hörte man noch das immer schwächer werdende Stöhnen des sterbenden Oesterleins. Ich trat einen Augenblick zu ihm und setzte ihm meine Feldflasche mit dem letzten Rest des schwarzen Tees an die Lippen. Gierig trank er. Ich sah, dass es gleich vorbei sein würde.

In dem trübflackernden Schein der Petroleumfunzeln sah ich den dankbaren Blick des Jungen. Bieneck hatte etwas gehört. Er wandte sich um. Es war nicht nötig, ihm ein Zeichen zu geben, er hatte auch so kapiert.

»Na klar«, rief er fröhlich, »gleich sind wir draußen, und dann ab mit dir ins Lazarett.«

Ob Oesterlein diese Worte noch verstanden hatte? Seine Augen waren jetzt geschlossen. Er hatte das Bewusstsein verloren, aber er lebte noch. Sein Puls ging schwach. Ich machte mich wieder an die Arbeit.

Schon nach zwei Stunden musste erkannt werden, dass

nicht die geringste Aussicht bestand, durch die Tür ins Freie zu gelangen, denn schwere, herabgestürzte Betonplatten und Betonbrocken waren so vor dem Ausgang ineinander verkeilt, dass unser »Werkzeug« dagegen nichts auszurichten vermochte.

Wir schwitzten trotz der Kälte, die auch hier im Keller herrschte. Wer in seiner Feldflasche noch etwas Trinkbares hatte, nahm einen Schluck.

»Stell dir vor, Oesterlein, wir haben es gleich geschafft. Ja, wir kommen raus hier. Es kann nur noch Minuten dauern. Die Tür ist gleich freigelegt.«

»Seid sparsam mit euren Vorräten, Leute!«, empfahl Buschmeier. »Wer weiß, wie lange wir hier noch drinsitzen müssen.«

Während wir arbeiteten, war Oesterlein gestorben, still, wahrscheinlich ohne das Bewusstsein noch einmal erlangt zu haben und von uns allen unbemerkt. Die Hoffnung, die unsere frommen Lügen noch in ihm erweckt hatten, hatte er mit hinübergenommen.

Schiller, der junge Reserveoffiziersbewerber, bot mir seine noch volle Flasche an. Ich nahm sie dankend. Aus der Dunkelheit einer Kellernische tauchte Wiemer auf, mit einigen Flaschen Wodka unterm Arm.

»Natürlich, die hätten wir beinahe vergessen!«, freute sich Bieneck. Wir alle nahmen ein paar Schluck Alkohol; er belebte etwas und gab neuen Mut.

Meyer, der Mann mit dem Streifschuss am Kopf, hatte eine ganze Flasche Wodka für sich allein mit Beschlag belegt. In großen Zügen trank er.

»Nehmt ihm das Zeug weg«, lallte Eckermann, der selber nicht mehr ganz nüchtern war. Meyer erhob sich mühsam, schwankte, taumelte nach hinten und rutschte an der

Wand wieder zu Boden. Seine kleinen Schweinsäuglein wurden immer glasiger. Innerhalb von zehn Minuten hatte er eine ganze Flasche Wodka geleert.

»Es ist aus!«, grunzte er. »Jawoll, aus, ganz aus! Grüßt mir die Heimat, Kameraden! Aus …!«

Ich ahnte, was jetzt kam. Mit einem schnellen Griff, den man ihm in diesem Zustand nicht zugetraut hätte, griff der Betrunkene nach seiner Pistole, setzte sie an die Schläfe, der Sicherungsflugel knackte …

Eine Hand schlug ihm die Waffe aus der Faust. Es war Schiller, der so schnell gehandelt hatte.

»Wohl verrückt geworden, was?« Über das Gesicht des ROB lief ein nervöses Zucken. »Hier wird nicht rumgeballert, verstanden? Es sei denn, auf Befehl!«

Meyer glotzte apathisch auf die leere Flasche.

»Lasst mich sterben, Kameraden, es ist aus – aus!

Er knickte zur Seite und begann augenblicklich zu schnarchen. Buschmeier hockte auf einer leeren Holzkiste und starrte nachdenklich in das gelbe Licht einer Petroleumlampe. Die anderen schwiegen. Immer noch störte russische Artillerie den Vormarsch unserer Bataillone, der durch dieses zertrümmerte Städtchen führte. Ich strengte meine Ohren an. Ein fernes Brummen war ab und zu vernehmbar, verursacht von unseren motorisierten Kolonnen.

Köhnen sprach meine Gedanken aus: Verdammt noch mal, da sitzen wir keine fünfzig Meter entfernt von unseren Kameraden in diesem verfluchten Dreckloch, und keiner von ihnen ahnt es.«

Der Unteroffizier erhob sich. Auf seinem Gesicht lag harte Entschlossenheit.

»Weiter, Kameraden, wir haben keine Zeit zu verlieren, probieren wir unser Glück an den Fenstern!«

» … unser Glück an den Fenstern!«, äffte Eckermann mit versoffener Stimme nach und kicherte vor sich hin.

Wir setzten unsere ganze Kraft ein, aber überall dasselbe Bild. Vor den Fensteröffnungen türmten sich wie auch vor dem Türausgang schwere Betonbrocken, die auch nicht einen Zentimeter zu bewegen waren.

Bieneck nahm seinen Karabiner und setzte ihn als Brechstange ein. Er verbog dabei den Lauf. Fluchend warf er das unbrauchbar gewordene Gewehr in eine Ecke.

»Ich will raus hier, will raus hier!«, begann Eckermann plötzlich zu toben und hämmerte mit beiden Fäusten gegen die Kellerwand.

Von hinten trat Hammersen zu uns heran. Er hatte bei der Tür nicht mitgearbeitet und auch dieses Mal bei dem Versuch nicht, durch die Fensteröffnungen einen Weg zu bahnen.

»Na, ihr Klugscheißer«, höhnte er, »wann ist denn endlich Abmarsch? Die Luft hier unten gefällt mir nicht mehr.«

Breitbeinig stand er da, die Hände in den Hosentaschen vergraben, ein freches, überlegenes Grinsen im Gesicht. Da drehte sich Bieneck langsam um.

»Suchst du Streit, Kumpel?«, fragte er geradezu und baute sich dicht vor Hammersen auf. »Wenn du nicht sofort deine dreckige Schnauze …«

Der Hamburger nahm die Rechte aus der Tasche.

»Verdufte, Gartenzwerg«, sagte er und schob Bieneck zur Seite. Aber im Nu hatte ihn der gepackt und riss ihm beide Arme nach hinten. Im nächsten Augenblick rollten sie über den Kellerboden.

»Aufhören! Sofort aufhören!«, donnerte Buschmeier.

Sie ließen voneinander ab, standen auf, sahen sich giftig an. Bieneck spuckte aus.

»Schwein!«, sagte er und wandte sich ab.

»Aber wie unfein, meine Herren«, meldete sich Köhnen scharfzüngig. »Wie kann man nur seine gute Kinderstube vergessen!«

»Leute, was habt ihr bloß für schwache Nerven!«

Er ging nach dem hinteren Teil des Kellers. Ich folgte ihm. Die Kellerdecke aus Stahlbeton zeigte hier ein paar Risse. Wir leuchteten noch einmal alles ab.

»Aussichtslos!«, sagte Schiller.

Wir kehrten zurück zu den anderen. Jeder schwieg vor sich hin. Eine bedrückende Stimmung machte sich breit. Der Vorfall mit Hammersen war nicht dazu angetan, das »Betriebsklima« zu heben. Überhaupt, was war mit diesem jungen Hamburger los? Sicher, sein ewig zynischer Gesichtsausdruck hatte mir gleich nicht gefallen, aber konnte das nicht seine Tour sein, sein »künstlicher Panzer«, den er sich ganz bewusst zugelegt hatte, um innerlich besser über die Runden zu kommen? Aber nun hatte ich doch den Eindruck, dass es ein Teil seines Charakters war. Ich beobachtete ihn unauffällig. Er schien als Einziger guter Dinge zu sein, saß neben dem schnarchenden Meyer und öffnete mit dem Seitengewehr seine Eiserne Ration. Der dicke Neubert aus Nürnberg sah ihm zu.

»Jetzt schon die Eiserne? Würde ich nicht machen. Was ist, wenn …«

»Geht dich 'n Dreck an!«, unterbrach ihn Hammersen und schob mit aufreizender Gleichgültigkeit ein Stück Rindfleisch zwischen die Zähne. Dabei sah er die anderen herausfordernd an, aber keiner sagte etwas dazu.

Bieneck hatte sich auf den kalten Steinfußboden ausgestreckt und schlief. Eckermann war nüchterner geworden und ging rastlos auf und ab. Ich zündete mir meine letzte

Zigarette an und fing dabei den begehrlichen Blick von Wiemer auf. Daher reichte ich ihm den Glimmstängel; abwechselnd rauchten wir ihn auf.

Es war verrückt, aber warum drängten sich einem gerade in solchen Augenblicken die absurdesten Gedanken und Vorstellungen auf? Vorstellungen, die bewirkten, dass schon Unerträgliches noch unerträglicher wurde. Quälender Durst gaukelte einem Bilder von allen möglichen Gefäßen vor, angefüllt mit den verlockendsten Flüssigkeiten: klares, glitzerndes Wasser, Bier, mit einer schönen weißen Blume! – Gut, das war nur zu natürlich. Aber das andere? Die Vorstellung vom Sterben? Wie würde es sein? Was für ein Gefühl war das, wenn man verhungerte? Wenn man an Entkräftung einging? Schlief man dann ganz einfach hinüber? Wand man sich in Krämpfen? Wurde man wahnsinnig? Seltsam, wie es sein würde, wenn man, von einer Granate zerfetzt oder von einer Kugel getroffen, sein Leben aushauchte, darüber hatte ich mir nie Gedanken gemacht. Aber jetzt und hier, in diesem Grabgewölbe, konnte ich nichts anderes mehr denken als: Wie wird es sein – das Ende?

Es war schon Mitternacht. Die Strapazen des Tages machten sich bemerkbar. Ich hockte auf meiner Gasmaskenbüchse, mit verschränkten Beinen, Kopf und Arme auf den Knien, und brachte es fertig, in dieser Stellung zu schlafen.

Gegen Morgen musste es sein, als wir alle durch den Knall eines Gewehrschusses geweckt wurden. Ich sprang auf. Mitten unter uns lag Meyer in einer Blutlache. Mit seinem Karabiner hatte er sich eine Kugel in den Kopf gejagt. Wir untersuchten ihn.

»Aus!«, stellte Schiller fest. Wir legten den Toten zu den anderen gefallenen Kameraden.

Mit einem Mal fühlte ich so etwas wie Trotz in mir aufsteigen. Nein! Wieso denn? Es ist ja noch gar nicht so gewiss, dass wir hier verrecken müssen. Ich sah nach dem toten Meyer. Er hatte dem Schicksal selbst die Entscheidung aus der Hand genommen, dachte ich, und es war nicht das gleiche Bedauern in mir, das ich zum Beispiel beim Tode von Sablotzki gespürt hatte. Es war ein anderes Gefühl, das ich für den armen Meyer empfand.

Ich drehte mich um und versuchte, Meyer zu vergessen. Auf meiner Armbanduhr war es vier. An Schlaf war jetzt nicht mehr zu denken. Ein starkes Hunger- und Durstgefühl beherrschte mich. Außer der Eisernen Ration hatte nun niemand mehr etwas Essbares bei sich.

»Zum ersten Frühstück gibt's heute Wodka, meine Herren. Guten Hunger!« Unteroffizier Buschmeier versuchte, auf Humor zu machen.

»Besser als gar nichts«, sagte Bieneck und nahm noch einen kräftigen Schluck.

»Kameraden«, wandte sich Buschmeier erneut an uns, »ich habe mir Folgendes überlegt: Wir alle wissen, dass es unmöglich ist, mit der bisherigen Methode ins Freie zu gelangen. Vielleicht aber gelingt es uns, an irgendeiner Stelle ein kleines Loch freizulegen. Es brauchte nur wenige Zentimeter groß zu sein. Wie ich sehe, sind noch einige weiße und rote Leuchtkugeln da. Wir würden durch diese Öffnung die Leuchtkugeln schießen, und ich bin beinahe sicher, dass man auf uns aufmerksam würde.«

»Richtig! Der Gedanke ist nicht schlecht«, sagte Wiemer, »aber finden wir erst mal eine Stelle, wo der Durchstoß gelingt!«

Wir machten uns sofort an die Arbeit. Zwischen den Betonbrocken, die in allen Größen Tür- und Fensterausgänge versperrten, waren die Zwischenräume mit Mörtel und Schutt angefüllt. Mit dem Seitengewehr schabten und kratzten wir in den Fugen herum. Jede Lücke wurde vom Schutt befreit. Stunde um Stunde verging. Wir schufteten, fluchten, schwitzten, hungerten.

Nichts! Auch nicht der kleinste Erfolg!

Im Hintergrund des Kellers bemerkte ich Hammersen. Er hatte eine Flasche Wodka in der Hand und qualmte eine Zigarette. Er drückte sich auch diesmal vor der Arbeit. Buschmeier folgte meinem Blick.

»Lass doch den Scheißkerl, wir kommen auch ohne ihn raus.«

Mich juckte es in den Fingern. Ich hätte diesen egoistischen Bengel windelweich prügeln können. So leicht wie Buschmeier ging ich nicht darüber hinweg. Ich bewunderte die Gutmütigkeit des Unteroffiziers und dass er nicht einfach von seiner Befehlsgewalt Gebrauch machte.

Abends um 21 Uhr legten wir eine Pause ein. Hunger und Durst wurden zur Qual. Bieneck kramte die Eiserne Ration aus dem Brotbeutel.

»Na, dann wollen wir mal«, sagte er.

Aber Buschmeier legte ihm die Hand auf den Arm.

»Sauf lieber noch Wodka und warte bis morgen früh mit der Eisernen«, meinte er, »zum Verhungern ist dann immer noch Zeit!«

» ... höre immer Verhungern!«, lallte Wiemer, der nun auch sein Hunger- und Durstgefühl mit Wodka zu betäuben versuchte. »Wer von euch hat Hunger? – Sehen Sie, Herr Unteroffizier, keiner hat Hunger ...!«

Wieder vergingen Stunden zwischen Hoffnung und härtestem körperlichem Einsatz – es war umsonst. Gegen drei Uhr morgens gaben wir auf. Buschmeier sah mich mit Augen an, in denen ich erste Anzeichen von Panik zu erkennen glaube.

Wir waren gerade dabei, einen neuen Schlachtplan zu entwerfen, als heftige Artillerieeinschläge den Keller erzittern ließen.

»Schwere Koffer«, stellte Wiemer sachkundig fest.

»Wenn man nur wüsste, was sich da oben tut«, meinte Lackner.

»Auf jeden Fall sind wir hier unten sicherer«, sagte Köhnen.

»Sicherer?«, fragte Wiemer. »Da bin ich anderer Ansicht.«

Wir lauschten. Schwerste Einschläge wuchteten in allernächster Nähe in die Erde. Plötzlich ein ohrenbetäubender Krach. Die Erde bebte. Der Keller wankte. Volltreffer! Steine, Beton und Eisen flogen uns um die Ohren. Die Lichter verlöschten. Schreie der Kameraden. Panik.

Zwischen den Trümmern des Kellers fand ich mich wieder, und über mir, in der Betondecke, gähnte ein riesiges Loch. Tageslicht blendete die Augen, und heulender Sturm fegte mir eine Ladung Schnee ins Gesicht. Ich atmete tief die frische Luft durch die Lungen, dann sprang ich auf. Neben mir erhoben sich gerade Schiller, auch Wiemer, Köhnen, Lackner und Bieneck rappelten sich hoch.

»Wo ist Buschmeier?«, fragte einer.

Fast gleichzeitig fiel unser Blick auf eine leblose Gestalt, die halb von einem schweren Eisenträger verdeckt war. Wir stürzten hin, packten den eisernen Träger, versuchten ihn wegzuzerren, doch es ging nicht. Los! Noch mal! Wir waren ausgepumpt, die Kräfte reichten nicht mehr. Noch einmal! Jetzt! Endlich! Der Körper war von der Last befreit. Aber vor uns lag ein Toter! Unteroffizier Buschmeier konnte keiner mehr helfen. Der Eisenträger hatte ihm den Brustkorb eingedrückt.

Schiller ballte die Fäuste, er sprach das aus, was ich dachte: »Jetzt noch! Ausgerechnet jetzt noch musste es ihn erwischen. Sauerei! Verdammte Sauerei!«

Die Ecke, in der Hammersen und Eckermann gelegen hatten, war ebenfalls von der herabstürzenden Decke verschüttet.

Köhnen deutete hin. »Die haben's auch ausgestanden!«

Bieneck wiegte den Kopf.

»Vielleicht«, begann er zögernd, »ich meine, man müsste versuchen, ob sie nicht doch ...«

»Unsinn«, fiel ihm Schiller gewollt grob in die Parade, »da ist nichts mehr zu machen. Wenn auf dich einige Dutzend Tonnen Eisenbeton herunterkrachen, ist es mit dir auch vorbei. So was hält keiner aus. Kommt, ich kann das Loch nicht mehr sehen!«

Wir kletterten über die Trümmer ins Freie und torkelten droben dahin. Ein paar Todgeweihte waren dem Leben zurückgegeben worden. Eine Galgenfrist? Ich war immer noch nicht ganz da, die ungeheure Nervenanspannung und die körperlichen Strapazen der letzten höllischen Tage und Nächte, das alles ließ sich nicht so einfach abschütteln. Pudding in den Knien, Bleigewichte an Händen und Füßen. Den anderen ging es sicher genauso.

Bieneck legte mir seine schwere Pranke auf die Schulter.

»Junge, Junge! Wir sind draußen! Draußen! Hast du das kapiert, du Rindvieh?« In seinen Augen stand ein eigentümlicher Glanz.

»Erzählt keine Opern!«, polterte Schiller los. »Jetzt geht's nämlich weiter im Text. Der Krieg ist noch nicht aus. Oder habt ihr gedacht, da schießt jetzt einer auf Spatzen?«

Wir wussten, was Schiller meinte: Immer noch lagen die Rollbahn und das Städtchen unter Beschuss. In einem Granattrichter, aus dem einige Teile eines zerschossenen deutschen Lkw hervorragten, sammelten wir uns. Russische Maschinengewehre hämmerten unaufhörlich, aber auch das vertraute Geknatter deutscher MG war deutlich vernehmbar.

»Wir liegen mitten im Niemandsland«, sagte Köhnen mit Bestimmtheit. »Die Front hat sich während unseres Kuraufenthaltes im Keller verschoben.« Er deutete nach Osten. »Dort, der Iwan, und da drüben, auf der Hügelkette etwa, unsere Hauptkampflinie.«

»Niemandsland! Verdammt! Das passt genau in unser Programm!«, sagte Bieneck grimmig.

»Verrecke lieber hier an der frischen Luft als in dem Rattenloch«, gab Lackner zu verstehen.

Schiller warf einen Blick auf seine Armbanduhr.

»Leute«, sagte er, »es ist jetzt 11.55 Uhr. Wir warten hier, bis es dunkelt, das ist ungefähr in dreieinhalb Stunden der Fall. Wenn wir uns jetzt schon auf die Socken machen, haben wir das Vergnügen, von deutschen und russischen Kugeln gleichzeitig durchsiebt zu werden. Hat jemand einen anderen Vorschlag?« Jeder sah ein, dass der ROB Recht hatte. Wir alle wollten leben, deshalb trotzten wir dem Frost und schluckten gegen Hunger und Durst frischen weißen Schnee.

Dreieinhalb Stunden in einem Granattrichter ausharren, halb verhungert und erfroren, unter Beschuss, bei etwa 35 Grad unter Null, jeden Augenblick gewärtig, von einer Granate zerfetzt zu werden, das ist keine Kleinigkeit. Wir waren deshalb froh, als es langsam zu dämmern anfing und die Dunkelheit hereinbrach.

So, als ob uns die russische Artillerie einen Gefallen tun wollte, stellte sie das Feuer ein. Auch das Maschinengewehrfeuer von beiden Seiten hörte fast ganz auf. Es war die Zeit der Spähtrupps.

Wir sprangen aus der Deckung heraus, in gebückter Haltung, sofort wieder bereit, flachzuliegen, wenn die Lage es erforderte. Wir waren schon einige hundert Meter vorangekommen, und es ging alles ganz gut – beinahe zu gut.

Da geschah das Unfassbare! Keiner sah den Feind in seiner Schneetarnung. Wir liefen dem Tod direkt in die Arme. Hatte mein Instinkt mich gewarnt? Plötzlich lag ich auf dem Bauch, fast im selben Augenblick, als das Feuer aus Maschinenpistolen auf uns eröffnet wurde. Es dauerte zwei Sekunden, dann war alles vorbei. Ich blieb wie gelähmt liegen, die Augen geschlossen ...

Es war, als sei ich ein körperloses Wesen, ich fühlte nichts, hörte nichts, und auch mein Verstand schien gelähmt zu sein. Eine stumpfe, starre Gleichgültigkeit erfüllte mich, ich konnte nichts mehr denken. Wie lange dieser Zustand anhielt, weiß ich nicht. Plötzlich waren meine Sinne wieder wach. Leise knirschte der Schnee. Schritte! Verhaltene Stimmen! Russische Wörter! Jetzt war es doch so weit gekommen! Sie waren schon fast heran, als ich mich aufrichtete. War ich überhaupt verletzt? Es war mir völlig egal. Die Kameraden! Was war mit ihnen? Ich konnte mich nicht mehr um sie kümmern. Die Arme wurden mir brutal nach hinten gerissen, ich wurde entwaffnet. Es waren neun Mann. Während mich der eine überflüssigerweise immer noch festhielt, untersuchten die anderen meine Kameraden. Sie mussten tot sein, alle. Auch ihnen wurden die Waffen abgenommen. Dann stieß man mich vorwärts. Die Wolkendecke war aufgerissen und ließ ein Stückchen Mond hindurchblinzeln. In diesem fahlen Licht erkannte ich noch den jungen ROB Schiller. Er lag auf dem Rücken, der Kopf war auf die Seite gerollt, und als wir an ihm vorbeistapften, war es mir, als hörte ich ein leises Röcheln aus seinem offenen Mund. Als ich den Schritt verhielt, bekam ich einen heftigen Stoß in den Rücken.

»Dawai!«

Ich wollte etwas sagen, aber was? Langsam wandte ich mich um, aber der Russe verstand die Geste falsch. Er rammte mir den Lauf seiner MPi in die Seite. Ein stechender Schmerz durchzuckte mich. Weiter, es half nichts. Sie trieben mich vor sich her wie ein Stück Schlachtvieh, und Schiller, den Verwundeten, musste ich liegen lassen. Ich konnte nichts für ihn tun. In mir kochte es. Tränen ohnmächtiger Wut liefen mir übers Gesicht.

Da! Was war das? Das Rattern eines deutschen Maschinengewehrs. Automatisch warf ich mich hin, diesmal Seite an Seite mit dem Feind. Die MG-Garben streuten über uns hinweg. Einen der Rotarmisten, der dicht neben mir lag, hatte es erwischt, aber er lebte noch. Als das Maschinengewehr schwieg, rafften sich die anderen auf und bemühten sich um den Verletzten. Einer lud ihn sich über die Schulter. Der Mann hatte viel Blut verloren, und in diesem Blut lag auch ich, mit dem Gesicht nach unten. Ich machte mich ganz schlaff, als sie mich hochzerren wollten. Da ließen sie von mir ab. Was wollten sie mit einem toten oder halb toten Germanski?

Sie waren längst verschwunden, als ich es wagte, mich auf die Seite zu rollen. Minutenlang lag ich so und wartete noch. Nichts war zu hören. Auf beiden Seiten unheimliche Stille! Langsam robbte ich zurück, machte wieder eine Pause, schöpfte Atem, erhob mich, lief in gebückter Haltung weiter. Das kurze Stück bis zu der Stelle, wo ich vorhin mit den Kameraden gelegen hatte, wurde zur endlosen Strecke. Dann war es endlich so weit.

Schiller lag noch in derselben Haltung da wie vorhin, aber das leise Röcheln war verstummt. Hatte ich mich vorhin getäuscht? Ich griff nach seinem Puls. Meine frostklammen Finger spürten nichts. Doch! Da war es! Das Leben pochte noch ganz schwach in den Adern, und wie eben der russische Soldat seinen Kameraden, so lud ich mir jetzt den schwer verwundeten Schiller auf.

Wie schaffte ich es? Ich glaube, ich ging auf den Knien. Meter für Meter. In meinen Lungen stach es wie feurige Nadeln. Ich wusste, dass ich es nicht mehr lange aushalten würde. Noch einen Meter! Nein! Ich konnte nicht mehr. Es war vorbei. Schiller stöhnte. Er musste aus seiner Bewusstlosigkeit erwacht sein. Vorsichtig ließ ich ihn herabgleiten und warf mich neben ihn.

Sollte ich es noch einmal versuchen? Dann durfte ich nicht mehr länger zögern, sonst würde ich einschlafen, und das würde endgültig mein Schicksal und das meines Kameraden besiegeln. Schiller war wieder ohnmächtig. Ich schaffte es nicht mehr, ihn hochzuheben. Meine letzten Reserven waren verbraucht. Behutsam fasste ich ihn unter den Achseln und schleifte seinen Körper über den Boden. Rückwärts lief ich so, Schritt für Schritt auf unsere HKL zu.

Sie riefen mich an. Ich kannte die Parole nicht. Dann noch einmal: »Halt! Parole!«

Leuchtkugeln stiegen hoch.

»Knallt mich doch zusammen«, wollte ich schreien, aber es wurde nur ein heiseres Krächzen. Kein Schuss fiel. Ich taumelte weiter. Noch ein Schritt, und noch einer. Nein! Es ging nicht mehr. Meine Knie versagten den Dienst. Krampfhaft hielt ich den Verwundeten fest, spürte dann, wie mir jemand die Last abnahm.

Als ich erwachte, brauchte ich ein paar Sekunden, um

festzustellen, was das Rumpeln und Tuckern unter meinem Körper verursachte. Ich lag auf einem Lkw. Ein blasses, eingefallenes Gesicht war über mir.

»Na, wieder da?«

Es war ein junger Leutnant, der mich mit dieser Frage begrüßte. Ich nickte nur, musste meine Gedanken erst wieder sammeln. Schiller fiel mir ein.

»Was ist mit …?«

Der Leutnant deutete mit dem Daumen über die Schulter.

»Sanka. Steckschuss Kopf. Kommt durch!«

Dieser junge Offizier bevorzugte anscheinend den Telegrammstil, denn in der gleichen Weise wurde ich von ihm auch über die neuesten Ereignisse unterrichtet.

Die Rollbahn war wieder freigekämpft, frei für uns. Der Russe hatte sich zurückziehen müssen. Aber vorher, in den frühen Morgenstunden, hatte es noch ein erbittertes Ringen gegeben um diesen Erfolg – und all das hatte ich verschlafen. Unglaublich! Ich hatte geschlafen, während neben mir die Granaten einschlugen, Maschinengewehre knatterten, Kameraden fielen.

Das war ja auch kein Schlaf, dachte ich. Das musste wohl schon ein Probeaufenthalt im Jenseits gewesen sein.

Ich schloss wieder die Augen.

Wohin rollten diese endlosen Fahrzeugkolonnen? Ins Nichts? Ich versuchte, nichts mehr zu denken. Es war ja sinnlos. Alles war sinnlos …

ENDE